Liederkunde zum Evangelischen Gesangbuch

Im Auftrag der Evangelischen Kirche in Deutschland
gemeinschaftlich mit

Ansgar Franz, Gerhard Hahn, Bernhard Leube,
Andreas Marti, Christiane Schäfer und Bernhard Schmidt

herausgegeben von

Ilsabe Alpermann und Martin Evang

Ausgabe in Einzelheften

Heft 27

Vandenhoeck & Ruprecht

Verzeichnis der Mitarbeiterinnen und Mitarbeiter

Alpermann, Dr. Ilsabe (s. Heft 26): EG 194, 360 T * *Bauer, Dr. Dorothee* (s. Heft 23): EG 515 * *Dehlinger, Frieder* (s. Heft 25): EG 401 * *Evang, Dr. Martin* (s. Heft 19): EG 197 * *Franz, Dr. Ansgar* (s. Heft 18): EG 472 * *Harzer, Dr. Anne-Dore*, Literaturwissenschaftlerin, Forschungsstelle Kirchenlied und Gesangbuch an der Universität Mainz: EG 444 * *Herbst, Dr. Wolfgang* (s. Heft 15): EG 234, 360 M, 496 * *Klek, Dr. Konrad* (s. Heft 21): EG 232, 353 * *Leube, Bernhard* (s. Heft 17): EG 373 * *Lorbeer, Dr. Lukas* (s. Heft 23): EG 524 T, 530 T * *Marti, Dr. Andreas* (s. Heft 7/8): EG 225, 309, 524 M, 530 M * *Meier, Dr. Siegfried* (s. Heft 20): EG 475 * *Monninger, Dorothea* (s. Heft 26): Redaktion * *Schäfer, Dr. Christiane* (s. Heft 25): Hymnologische Nachweise * *Schiek, Maximilian-Friedrich*, Pfarrer in Besigheim: EG 203, 462 * *Schmidt, Dr. Bernhard* (s. Heft 26): EG 313, 417 * *Schwarz, Steffen Mark*, Kantor an der Martinskirche Ebingen (Albstadt): EG 203 M * *Wissemann-Garbe, Dr. Daniela* (s. Heft 15): Hymnologische Nachweise

Bibliografische Information der Deutschen Bibliothek:
Die Deutsche Nationalbibliothek verzeichnet diese Publikation in der Deutschen Nationalbibliografie; detaillierte bibliografische Daten sind im Internet über https://dnb.de abrufbar.

Satz: textformart, Göttingen
Druck und Bindung: ⊕ Hubert & Co. BuchPartner, Göttingen
Printed in the EU

Vandenhoeck & Ruprecht Verlage | www.vandenhoeck-ruprecht-verlage.com

ISBN 978-3-525-50010-1

194 O Gott, du höchster Gnadenhort

Text

Verfasser Konrad Hubert **Entstehung** 1545 **Quelle** *Ein New Auserlesen Gesangbüchlin,* Straßburg 1545 (DKL 1545[05]) **Überschrift** *Ein Bett Lied zu Gott vmb hertzlichs anhoeren vnd gleubiges auffnemen seines h. Worts vnd vmb gnade dem zu geleben.* **Ausgaben** W III,1134 **Strophenbau** A8/4a A8/4a A8/4b A8/4b vgl. Frank 4.58 **Abweichungen** 1,4 *verbring;* 2,2 der *steiff* an Jesus *Christ behafft* **Verbindung TM** in der Q: DKL III/1.2,Eb4A = Z I,359 (später umgebildet zu Z I,360 [DKL 1663[04]]) * Alternativen bei Georg Philipp Telemann, Fast allgemeines Evangelisch-Musicalisches Lieder-Buch, Hamburg 1730: *Erhalt uns, Herr, bei deinem Wort* (EG 193) und *Wenn wir in höchsten Nöten sein* (EG 366) – beide bei Telemann in etwas anderer Fassung als im EG

Melodie

s. *Herr Jesu Christ, dich zu uns wend* (EG 155)

Literatur

HEKG (Nr.143) III/1, 504 f; I/2, 246–248; Sb, 233.255; HEG II, 162 f ** ThustB, 207/Nf, 188 f; ThustL I, 345 f ** Koch ([3]1866–1877) II, 111; KLL (1878–1886) II, 150 f; EEKM (1888–1895) II, 497; Nelle ([3]1924/1962) Nr. 206; Schlunk (1951) 276; DKL III (1993–2010)/1.2 Textbd.,115; DKL III/2 Textbd., 296; RößlerL ([2]2001) 46 ** NelleG [4]**1962**, 62 * JennyG **1962**, 252 (Nr. 194) * Ameln, Konrad: „Sing heut und freu dich, Christenheit“. Eine wandernde Melodie?, JLH 22 (**1978**) 156–160 (bes. 156.160) * Erb, Jörg: Dichter und Sänger des Kirchenliedes, Bd. 1: Verfasser von Liedern und Weisen des Kirchengesangbuchs aus dem Reformationsjahrhundert, Lahr-Dinglingen [2]**1981**, 92–94

Das Lied ist ein Beispiel für die schlichten, im Horizont biblischer Sprache und reformatorischer Kernanliegen gedichteten Lieder aus dem 16. Jh., die auch heute noch erstaunlich gut sing- und verstehbar sind. Anders als das vergleichbare Lied *Erhalt uns, Herr, bei deinem Wort* (EG 193) von Martin Luther, das den zeitgeschichtlichen Hintergrund klar hervortreten lässt, fehlen bei dem Straßburger Konrad Hubert derlei Anklänge. Sein Lied wirkt zeitlos und von immerwährender Gültigkeit. Wie schon die Überschrift in der Quelle ausweist, ist es ein Gebetslied. Als „Betlied“ aber ist es nicht fürbittend, sondern zielt auf Glauben, Liebe und Erkenntnis, die durch das göttliche Wort geweckt und genährt werden mögen. Die drei Strophen sind trinitarisch angelegt.

In Strophe 1 wird Gott als *höchster Gnadenhort* angesprochen, ein Titel, der im EG nur hier vorkommt. *Hort* ist ein beliebtes Reimwort auf *Wort* und begegnet recht häufig (vgl. u. a. EG 59,3; 129,2). Immer verbindet sich damit die Vorstellung von Sicherheit, Schutz oder Trost, die von Gott, dem Vater, oder von Jesus ausgehen. Hier tritt noch der Aspekt gnädiger Zuwendung Gottes hinzu. Die singende Gemeinde bittet um die Wirksamkeit des göttlichen Wortes. Damit ist die Situation der gottesdienstlichen Predigt im Blick, wie die Überschrift in späteren Ausgaben der Quelle zeigt: „Ein Betlied zu Gott, nach der Predigt". Das göttliche Wort kommt zu seinem Ziel, wenn es mit dem Herzen aufgenommen wird. Das ist mehr als das bloße Hören mit den *Ohren*, aber auch noch etwas anderes als die Erkenntnis mit dem Verstand. Ins *Herz* gedrungen, wirkt das Wort *sein Kraft und Schein*. Was bedeutet das?

Das *göttlich Wort* bindet, wie Str. 2 in einem katechetischen Einschub entfaltet, an Jesus Christus: grundlegend im Glauben, durch den Gottes Heilsgnade angeeignet wird (*der einig Glaub ist diese Kraft,/ der fest an Jesus Christus haft'*), sodann aber auch in der Liebe, durch die der Glaube in das Leben ausstrahlt (*die Werk der Lieb sind dieser Schein,/ dadurch wir Christi Jünger sein*; vgl. Joh 13,15). Erst die Liebe verbindet zu einer Gemeinde der „Jünger Christi". *Schein* bedeutet im Kontext des Liedes so viel wie „strahlender Glanz", ist also positiv gefüllt und nicht im heutigen Sinne eines Gegensatzes von „Sein und Schein" zu verstehen. Das Begriffspaar *Kraft und Schein* korrespondiert also dem Begriffspaar *Glaub* und *Lieb*, für dessen reformatorisches Verständnis nach Galater 5,6b (*der Glaube, der durch die Liebe tätig ist*) sowohl die Priorität des Glaubens – im Verhältnis zu Gott – als auch die aus ihm hervorgehenden Werke der Liebe – im Verhältnis zu den Mitmenschen – entscheidend sind. Luther hat dieses Verständnis klassisch in dem Traktat „Von der Freiheit eines Christenmenschen" dargelegt. Bei Luther und in der lutherischen Tradition liegt der Akzent stärker auf der Priorität des allein selig machenden Glaubens; in diesem Sinn ist die Qualifizierung des Glaubens als *der einig Glaub* (= einzig der Glaube) in Str. 2 zu verstehen. Die reformierte Tradition betont stärker den Zusammenhang von Glauben und Werken, wie in der Barmer Theologischen Erklärung von 1934 die auf These I folgende These II einschärft. These I: „Jesus Christus … ist das eine *Wort Gottes*, das wir zu *hören,* dem wir im Leben und im Sterben zu *vertrauen* und zu *gehorchen* haben." These II: „Wie Jesus Christus Gottes *Zuspruch* der Vergebung aller unserer Sünden ist, *so und mit gleichem Ernst ist er auch Gottes kräftiger Anspruch auf unser ganzes Leben*; durch ihn widerfährt uns frohe Befreiung aus den gottlosen Bindungen dieser Welt zu freiem, dankbarem Dienst an seinen Geschöpfen."

Mit der dritten Strophe wird das Lied wieder zum – nun an Jesus Christus (*lieber Herr*) gerichteten – Gebet. Die Gemeinde bittet um Zunahme der Erkenntnis durch den Geist. Hier klingt der apostolische Wunsch aus 2. Petrus 3,18 an: *Wachset aber in der Gnade und Erkenntnis unseres Herrn und Heilandes Jesus Christus.* Die Strophe mündet in die Bitte *und endlich bei dir finden Ruh.* Das ist ein verhaltener eschatologischer Ausblick, der zunächst an das Wort Jesu aus Matthäus 11,29 erinnert: *Nehmt auf euch mein Joch und lernt von mir; denn ich bin sanftmütig und von Herzen demütig; so werdet ihr Ruhe finden für eure Seelen.* Die Vorstellung von der endzeitlichen Ruhe ist darüber hinaus geprägt von der Verheißung der Gottesruhe, die der Verfasser des Hebräerbriefes in einer Auslegung von Psalm 95,11 seinen gefährdeten Lesern mahnend und motivierend vor Augen stellt (Hebr 3,7–4,11).

Dem Lied gehörte bei seinem Erstdruck (Straßburg 1545) eine eigene Melodie und so wurde es bis ins 18./19. Jh. gesungen.

Ilsabe Alpermann

197 Herr, öffne mir die Herzenstür

EG 197 EM 416

Text

Verfasser Johann Olearius **Entstehung** 1671 **Quelle** *Geistliche Singe=Kunst* (Johann Olearius), Leipzig 1671 **Überschrift** *Vom Worte Gottes / D. J. O. / Im Thon: Erhalt uns HErr* **Liturgische Einordnung** *V. Buch. Standes=Lieder. Die Claß vom Lehrstande. II. Der Zuhörer* **Ausgabe** FT IV,433 **Besonderes** Str. 3 = Str. 4 von *Herr Jesu Christ, dich zu uns wend* (EG 155) **Strophenbau** A8/4a A8/4a A8/4b A8/4b vgl. Frank 4.58 **Abweichungen** 1,2 *zeuch* mein; 2,3 Wort *ist*; 3. in der Q nur angedeutet durch das Incipit *Ehr sey dem Vater…*, * EM: 1,2 *zieh durch dein Wort mein Herz* **Verbindung TM** in der Q ohne N, die in der Überschrift genannte Tonangabe weist vermutlich auf die häufig gebrauchte Luthermelodie, vgl. die Angaben zu EG 193 in Heft 21

Melodie

s. *Herr Jesu Christ, dich zu uns wend* (EG 155)

Literatur

HEKG (Nr.144) I/2, 248; III/1, 505f; Sb, 234; HEG II 234f ** ThustB, 209/Nf, 190f; ThustL I, 349f ** Koch ([3]1866–1877) III, 348; KLL (1878–1886) I, 282f; RößlerL ([2]2001) 431 ** Eisenhuth, Heinz Erich: Gelobt sei deine Treue. Lieder der Kirche und ihre Dichter, Jena/Berlin **1953**, 90–93 * NelleG [4]**1962**, 183 * Erb, Jörg: Dichter und Sänger des Kirchenliedes, Bd. IV: Verfasser von Liedern und Weisen des Kirchengesangbuchs aus der Zeit des Dreißigjährigen Krieges und des Pietismus, Lahr-Dinglingen [2]**1986**, 48f

Die im EG unter der Rubrik „Wort Gottes" versammelten Lieder (EG 193–199) sind (mit einer Ausnahme) Gebetslieder und dabei entweder Ich- oder Wir-Lieder. Entweder bezieht sich die im Gottesdienst versammelte *Gemeinde* auf das in der Schriftlesung ergehende und in der Predigt ausgelegte Gotteswort, so in *Erhalt uns, Herr, bei deinem Wort* (EG 193), *O Gott, du höchster Gnadenhort* (EG 194), *Herr, für dein Wort sei hoch gepreist* (EG 196) und, wenngleich kein Gebetslied, *Gott hat das erste Wort* (EG 199). Oder eine *einzelne Person* wendet sich, ob als Glied einer Gottesdienstgemeinde oder in persönlicher Andacht, an Gott, so Johann Walter in *Allein auf Gottes Wort will ich mein Grund und Glauben bauen* (EG 195, in Str. 3 ein Gebet), Johann Olearius in *Herr, öffne mir die Herzenstür* (EG 197) und Nikolaus Ludwig von Zinzendorf und Christian Gregor in *Herr, dein Wort, die edle Gabe* (EG 198).

Von diesen allen ist *Herr, öffne mir die Herzenstür* das innigste. Es eignet „sich fast besser zum stillen Gebet des einzelnen als zum Lied der Gemeinde vor der Predigt".[1] In den

[1] Eberhard Weismann in HEKG III/1, 505. – Koch III, 348, charakterisiert das Lied als „sonderbare Andacht der Zuhörer nach geendeter Predigt", und ThustL I, 350, teilt mit: „Olearius sah es als Lied nach der Predigt vor."

„Standesliedern“, dem 5. Buch von Johann Olearius‘ Geistlicher Singe-Kunst (1671), folgt auf die erste Klasse „Vom Lehrstande“ als zweite Klasse „Der Zuhörer“ – und dort bildet *Herr, öffne mir die Herzenstür* das einzige Lied.

Die erste Strophe besteht aus vier aneinandergereihten Gebetsbitten. Die erste Doppelzeile weckt, vielleicht inspiriert durch Apostelgeschichte 16,14, die mystisch anmutende, im Pietismus häufiger aufgegriffene Vorstellung einer durch das göttliche Wort gewirkten Vereinigung Gottes und des einzelnen Beters: *Herr, öffne mir die Herzenstür,/ zieh mein Herz durch dein Wort zu dir*[2]. Das *Zieh*-Motiv begegnet nach Hoheslied 1,4 häufiger in der geistlichen Liedtradition, so etwa in EG 35,2 (*zieh mich hin zu dir*), 78,10 (*zieh uns allesamt zu dir*), 161,1 (*dass die Herzen von der Erden / ganz zu dir gezogen werden*), 441,2 (*bis er die Herzen zu sich zeucht*) und EKG 94 *passim* (*zeuch uns nach dir*), hier veranlasst durch die Verheißung Jesu Johannes 12,32 (*so will ich alle zu mir ziehen*; vgl. 6,44: *Es kann niemand zu mir kommen, es sei denn, ihn ziehe der Vater, der mich gesandt hat*). Im biblischen Hintergrund der Bitte, das verschlossene Herz zu öffnen, steht die von Jesus in der Deutung seines Gleichnisses vom Sämann aufgegriffene Erfahrung aus der Berufungsvision des Propheten Jesaja, dass *das Herz dieses Volkes … verstockt [ist]: ihre Ohren hören schwer, und ihre Augen sind geschlossen, damit sie nicht etwa mit den Augen sehen und mit den Ohren hören und mit dem Herzen verstehen und sich bekehren und ich ihnen helfe* (Mt 13,15 nach Jes 6,10). Dagegen sagt Jesus den Jüngern als Gabe Gottes zu: *Euch ist's gegeben, die Geheimnisse des Himmelreichs zu verstehen* (Mt 13,11). Aus dieser Gleichnisdeutung geht ebenfalls hervor, dass das *Wort* aufs *Herz* zielt: *Das aber auf dem guten Land sind die, die das Wort hören und behalten in einem feinen, guten Herzen und bringen Frucht in Geduld* (Lk 8,15; vgl. EG 196,4). Dies nimmt die Bitte in Z. 3 auf: *lass mich dein Wort bewahren rein* (vgl. auch Lk 11,28: *Selig sind, die Gottes Wort hören und bewahren*). Schließlich die Bitte in Z. 4 *lass mich dein Kind und Erbe sein* ist nach Gal 4,7 gebildet: *So bist du nun nicht mehr Knecht, sondern Kind; wenn aber Kind, dann auch Erbe durch Gott* (vgl. auch Röm 8,17).

Erneut in rhetorisch wirkungsvoller Reihenbildung – alle vier Zeilen beginnen identisch – und in der Tradition biblischer Psalmen (vgl. Ps 19,8 f; 119,103–105 u. ö.) rühmt die zweite Strophe, was *dein Wort* tut. Es *bewegt des Herzens Grund*, d. h. es bleibt dem Menschen nicht äußerlich, sondern erreicht sein Innerstes und versetzt es in Schwingung. Es *macht Leib und Seel gesund*, d. h. es kuriert nicht nur Symptome, sondern heilt durch und durch (vgl. Ps 107,20 sowie Mt 8,8 par. Lk 7,7 und die daraus abgeleitete Gebetsformel der römischen Messe: „Sprich nur ein Wort, so wird meine Seele gesund“). *Dein Wort ist's, das mein Herz erfreut* – eine Freude, die als *Trost* (vgl. Jer 15,16) all die Umstände, unter denen man im zeitlichen Dasein leidet, aushalten lässt und als *Seligkeit* die eschatologische Vollendung vorweg genießt.[3]

Als dritte Strophe ist – im Erstdruck lediglich durch eine Andeutung (vgl. FT IV, 433) – die aus *Herr Jesu Christ, dich zu uns wend* bekannte, dort sekundär zugewachsene trinitarische Doxologie *Ehr sei dem Vater und dem Sohn* angehängt (EG 155,4). Auch die

[2] Die Version von 1,2 in EM (s. HN) ist eine metrische Glättung.

[3] In *bewegt* und *erfreut* klingen zwei der drei grundlegenden *officia oratoris* nach der klassischen Rhetorik (*docere, delectare, movere*) an. An die Stelle des *docere* ist das *sanare*, also die soteriologische Wirkung, getreten.

Melodie von *Herr Jesu Christ, dich zu uns wend* hat sich dann mit dem Text *Herr, öffne mir die Herzenstür*, dem ursprünglich Luthers Melodie zu *Erhalt uns, Herr, bei deinem Wort* zugewiesen war (EG 193), bleibend verbunden.

Olearius' dem „Zuhörer" zugedachtes Gebet ist eine Preziose persönlicher Frömmigkeit, die sich auf Gottes Wort, das Heilsmedium schlechthin nach reformatorischem Verständnis, richtet. Im Deutschen Evangelischen Kirchengesangbuch (1853) wurde es, bereits hier mit der Melodie EG 155, unter die 150 Kernlieder aufgenommen, was zu seiner Verbreitung und bis heute andauernden Beliebtheit beigetragen hat.

Martin Evang

203 Ach lieber Herre Jesu Christ, der du ein Kindlein worden bist

Text

Verfasser Johannes Freder **Entstehung** 1555/56 **Vorlagen** gleichnamiges Wiegenlied von Heinrich von Laufenberg (W II,707); Str. 3: Mk 10,13–16 **Quellen** (a) Liederhandschrift aus Jena (Sign Bos q 24r), entstanden um 1552 bis 1557 (Volz 1963, 61) * (b) *ENCHIRIDION Geistliker Leder und Psalmen*, Hamburg 1565 **Überschrift** (a) *Ein geistlich Liedelein fur die kleinen kindere. im thon Erhalt vns her bei deinem wort vel vom himel hoch.* (nach Volz 1963, 68) * (b) *Ein geistlick ledeken vor de klenen kinder by der wegen tosingen. Im ton: Erholt vns Her.* (nach W III,240) **Ausgaben** W III,240 (Quelle b); Volz 1963, 68 (Abweichungen in Quelle a zu W III,240) **Strophenbau** A8/4a A8/4a A8/4b A8/4b vgl. Frank 4.58 **Abweichungen** (a) 2,2 da *man sie* hat zu dir *gebracht*; 3,4 mir *bringet alzugleich*; 4,2 *O Jesu Christ vns* Kindelein (*vns* überschrieben mit *dis*); 4,3 behüte *vns* (überschrieben mit *sie*); 5,1 Engel *vns* (überschrieben mit *sie*); 5,3 erbarm dich *vnser* (überschrieben mit *Irer*); 6,1+3 dass *wir* (überschrieben mit *sie*); am Schluss steht die Bemerkung, dass man den Text an der Wiege anstatt in der 1. Person Plural auch in der 3. Person Plural singen kann * (b) niederdeutscher Text, 1,2 *da* du; 2,4 sie *vmmefangen*; 3,3 denn *sülken hört*; 5,1 *se* [sie] bewahr; 5,2 vor Unfall, *unglück, schad und var*; 5,3 erbarm dich *erer* [ihrer]; 6,1 dass *se* [sie]; 6,3 auf dass *sie* **Verbindung TM** in den Qn ohne N, die in beiden Überschriften genannte Tonangabe weist vermutlich auf die häufig gebrauchte Luthermelodie, vgl. die Angaben zu EG 193 in Heft 21, die zweite in Q b genannte auf EG 25 oder EG 24, vgl. dazu Heft 12 * weitere: Z II,2558 (Wackernagel 1860)

Melodie

Incipit 111 -6_12_-7 -6_ **Vorlage** *Herr Jesu Christ, wahr Mensch und GOTT* in: *Der Erste Theil Geistlicher Lieder/ Auff den Choral oder gemeine Kirchen Melodey durchauß gerichtet/ vnd mit Fünff Stimmen componirt/ Durch Iohannem Eccardum Mulhusinum* […], Königsberg 1597 (DKL 1597[16]), I, Nr. 12 (Z I,423; DKL III/4 A833A) **Quelle** *AS HYMNODUS SACER. Zwölff Geistliche/ anmuthige/ vnd theils newe Gesänge/ den Buchstaben nach also geordnet:* […], Leipzig 1625 (DKL 1625[18]) **Ausgaben** Z I,533a; B IV,7 II **Ambitus** G: 7b; Z: 457b4 **Abweichungen** Q: Taktvorzeichnung **3**; Quarte höher; doppelte Notenwerte; am Zeilenende keine Pausen, sondern punktierte Halbe; Z. 2 N 1–4 *fis' g' a' g'*, N 6–7 erst Viertel, dann Halbe; Z. 3 N 1 *g'*; Z. 4 N 1–2 *g' a'*; N 4 punktierte Halbe, N 6 Viertel **Verbindung MT** in der Q: *Herr Jesu Christ, meins Lebens Licht* (EKG 317) * *Herr Jesu Christ, wahr Mensch und Gott* (DKL 1597[16]; EKG 314) * *Wir danken dir, Herr Jesu Christ, dass du unser Gast gewesen bist* (EG 462) * *Ach bleib bei uns, Herr Jesu Christ* (RG 790/EM 421) * *Du Künder Christi, Sankt Johann* (KG 785) * *Von Lob erschalle hocherfreut* (KG 788) * *Heut preise unser frohes Lied* (KG 789) * *Du großer, heilger Mann im Ranft* (KG 791)

Literatur

HEKG (Nr. 149; 317 [Melodie] I/2, 255; III/1, 515; III/2, 345–347; Sb, 238 f.495 f; HEG II, 82 f.99 ** ThustB, 213/Nf, 195; ThustL I, 359 f ** Koch ([3]1866–1877) VIII, 622; KLL (1878–1886) II, 177; EEKM (1888–1895) II, 535 f; Nelle ([3]1924/1962) Nr. 479; Schlunk (1951) 14 ** NelleG [4]**1962**, 84 * Volz, Hans: Eine unbekannte Kirchenlieder-Handschrift der Reformationszeit, JLH 8 (**1963**) 55–79, besonders 64, 68

Ach lieber Herre Jesu Christ, der du ein Kindlein worden bist ist seinem eigenen Bekunden nach kein eigentliches Tauflied. Es gibt aber rezeptionsgeschichtliche Gründe für seine Aufnahme in diese Rubrik des EG. Es ist heute wenig bekannt und wird daher selten gesungen. Dies gilt es zu ändern, da das Lied gegenwärtigen Tauferwartungen überraschend gut entgegenkommt. Besonders der Segen und die Bitte um Bewahrung stehen heute im Fokus der Eltern und Paten[1], weniger die Übereignung und das Hineingetauft-Werden des Täuflings in den Tod und die Auferstehung Jesu Christi. Somit hätte dieses gesungene Gebet inhaltlich großes Potential, an Vorstellungen und Hoffnungen rund um die Taufe eines Kindes anzuschließen. So knüpft beispielsweise Str. 5 (*Durch deine Engel es bewahr*) an den omnipräsenten Taufspruch Psalm 91,11 an: *Denn er hat seinen Engeln befohlen, dass sie dich behüten auf allen deinen Wegen.* Am Tag einer Kindertaufe mit diesem Taufspruch eignet sich dieses Lied als Tauflied. Die Strophen 3–6 verstärken den damit zum Ausdruck gebrachten Wunsch der Eltern und Paten nach Bewahrung des Kindes auf seinem bevorstehenden und noch unüberschaubaren Lebensweg.

Der Liedtext geht auf Johannes Freder zurück (1510–1562). Vom Hausgenossen Luthers ist nur dieses sechsstrophige Gebet im Gesangbuch überliefert. Das Lied entstand um 1555 und findet sich das erste Mal mit handschriftlichen Korrekturen des Verfassers in einer Sammlung bei Georg Rörer (1492–1557)[2], der unter anderem auch Schriften Luthers herausgab. Erstmals als Druck liegt es 1565 in Hamburg in einem niederdeutschen Enchiridion vor: „Ein geistlik Ledeken vor de klenen kinder by der wegen to singen. Im thon: Erholt uns her".[3] Diesen ursprünglichen Gebrauchscharakter als häusliches Wiegenlied hat das Lied bis heute behalten. Johannes Freder nimmt das alte Wiegenlied von Heinrich von Laufenberg (1430) auf und variiert den Text nun durch eine reformatorische Uminterpretation wie folgt: Der Kehrvers und die Bitte an die Mutter Gottes entfallen.[4] Stattdessen hinterlegt er strukturell die Heilsökonomie

[1] Beispielhaft bereits im Titel steht hierfür: „Ich wünsch dir einen Engel" – Neue Tauflieder zu bekannten Melodien, hg. in Zusammenarbeit mit dem Fachbereich Gottesdienst und Kirchenmusik im Institut für Aus-, Fort- und Weiterbildung der Evangelischen Kirche von Westfalen, München/Bielefeld 2018.

[2] Zum Ganzen vgl. Volz 1963.

[3] Die niederdeutsche Provenienz ist heute im EG noch am zweiten Paarreim in Str. 2 zu erkennen. Wo sich im hochdeutschen „gelegt" nicht auf „gesagt" reimt, tut es dies im Niederdeutschen schon: „gelecht" auf „gesecht". Hingegen bleibt der erste Paarreim in Str. 6 unrein: „gerate wohl" auf „Wohlgefalln" bzw. „geraden wol" auf „wiogefall", vgl. W III,240.

[4] Kehrvers: *Ach Jesu, Herre mein, behüt dies Kindelein*; Str. 2: *Maria, Mutter Jesu Christ*, vgl. W II,707. Siehe hierzu im Detail den Kommentar zur Variante des Liedes *Ach lieber Herre Jesu Christ, weil du ein Kind gewesen bist* (EG 468) von Heinrich v. Laufenberg, HEG III, H. 28.

der lutherischen Tauftheologie. Indem er in den Strophen zwei und drei das sogenannte Kinderevangelium aus Markus10,13–16 reproduziert, grenzt er sich auch deutlich gegen die Schwenckfeldianer und andere Spiritualisten ab, welche die Kindertaufe als unbiblisch ablehnten.[5] Freder war ein ausgezeichneter Kenner der lutherischen Tauftheologie. Er übersetzte Lutherpredigten zur Kindertaufe aus dem Jahr 1540, die Luther gegen die Wiedertäufer hielt, ins Lateinische und setzte sie in Beziehung zu Titus 3.[6] Titus 3,4–8 stellt vor diesem Hintergrund gewissermaßen die argumentative Struktur des Liedes dar, wenn Freder vom präexistenten Heilswillen über die Geburt Jesu (Str. 1) und sein irdisches Heilshandeln (Str. 2 u. 3) den Bogen über unsere jeweilige Existenz (Str. 4 u. 5) auf die Vollendung der Taufe (Str. 6) spannt.[7] Man beachte in diesem Zusammenhang, wie mit Titus 3,5 im Taufbüchlein die Heilsgeschichte Gottes und die Taufe Jesu Christi (im Taufgebet) mit dem Kinderevangelium (als Schriftlesung) zusammengebracht und den Tauffragen voranstellt werden.[8]

Die Strophen eins bis drei haben anamnetischen Charakter. Die erste Strophe erinnert an den präexistenten Heilswillen Jesu Christi[9] (*dass wir nicht möchten sein verlorn*). Die Strophen zwei und drei verbinden nun die Segnung der Kinder mit der Taufliturgie, obwohl die Taufe selbst nie wörtlich genannt wird (‚*Die Kinder lasset kommen her / zu mir, ihn' niemand solches wehr,/ denn solcher ist das Himmelreich* [...]'). Das sogenannte Kinderevangelium auf die Taufe zu beziehen, ist seit dem 12. Jh. üblich und erscheint als Lesung in sämtlichen Kirchenordnungen von der Reformationszeit bis heute. Als Jesuszitat eingekleidet, aber so nicht biblisch, ist der Schluss der dritten Strophe *beid, arm und reich*. Gedacht ist damit sicherlich an das „sola gratia", das unterschiedslos allen gilt und allen Getauften zukommt durch den Heilswillen und die Heilstat Jesu Christi (vgl. Tit 3,4–7).[10]

Die Strophen vier bis sechs sind als Fürbitte für den Täufling formuliert und enthalten wie das Vaterunser sieben Bitten.[11] Str. 4 nimmt Psalm 91,11 auf (*Ich bitt, lass dir befohlen sein*) und stellt den Zusammenhang zwischen dem Täufling und der Gemeinschaft der Heiligen aller Getauften her (*und alle in der Christenheit*). Zusammen mit Str. 5 klingt Luthers Morgen- und Abendesegen an (*durch deine Engel es bewahr / vor*

[5] Mit diesem eindeutigen Bezug auf das „evangelium infantium" Mk 10,13–16 (parr. Mt 19,13–15; Lk 18,15–17) steht das Lied im EG singulär. Str. 1 von EG 206 und Str. 2 von EG 211 könnten noch in diesem Sinne interpretiert werden.

[6] Homiliae De Baptismo, D. Mart. Luth. Illustrissimis & laudatissmis Principibus ab Anhalt dedicatae... Ex officina Petri Brubachij, Anno M. D.XLIII. [vgl. WA 49, XXII].

[7] Für die Argumentation gegen die Wiedertäufer war Tit 3 von elementarer Bedeutung. Während Mk 10,14f. als Verheißung, die bereits den Kindern gilt, gegen das Argument des Nacheinanders von Glauben und Taufe (Mk 16,16) verwendet wurde (vgl. BSLK, 449f), wird Tit 3,5–8 im Kleinen und Großen Katechismus mit der Rede vom „Bad der Wiedergeburt" dem vom Menschen unabhängigen Heilshandeln Gottes zugeordnet, vgl. BSLK, 115f u. 696.

[8] Vgl. BSLK, 539.

[9] Vgl. den Hymnus Phil 2,6–11.

[10] Im Großen Katechismus setzt sich Luther mit dem Vorwurf der Schwärmer auseinander, er verstünde die Taufe als Werk, vgl. BSLK, 698.

[11] Sofern man bereit ist, die allgemeine Bitte für die Christenheit in Str. 4 als eigenständige Bitte zu zählen.

Unfall, Schaden und Gefahr).[12] Die letzte Strophe schließt mit Blick auf Str. 1 eschatologisch den lebenslangen Taufprozess ab (*auf dass es hier gottseliglich,/ hernach auch lebe ewiglich*).[13] Auch wenn die Taufe am Kind als Sakrament mit Wasser und unter dem Wort Gottes (visibile verbum) einmal vollzogen wird, so ist doch der Taufprozess ein lebenslanger Weg, worin der Glaube (sola fide) das Erlösungswerk erkennt, das Christus getan hat und das uns Menschen so als Werk des Heiligen Geistes zugutekommt.[14] Daran müssen Tauffamilien heute umso kräftiger erinnert werden, wozu dieses Lied bestens Anlass gibt (z. B. bei der Taufansprache).

Trotz der Veränderungen Freders gegenüber der Textvorlage bei Heinrich von Laufenberg verliert das Lied nichts von seinem individuellen Charakter als Segens- und Wiegenlied für den häuslichen Gebrauch. Bereits Freder selbst merkte handschriftlich an, dass zwischen Privatandacht und Gemeindegottesdienst durch singularische und pluralische Formulierung unterschieden werden kann: „Dis liedlein mugen auch bei der wiege singen alte lewte / so sie fur das wort (uns) brauchen (dies) und fur das wort (unser) brauchen (Irer) / und fur das wort (wir) brauchen (sie)."[15]

In der Perikopenordnung ist das „evangelium infantium" in der Reihe V am 20. Sonntag nach Trinitatis festgelegt. Als Lied zur Vorbereitung der Gemeinde auf die Predigt oder als Antwort auf die Schriftlesung kann hier EG 203,1–3 verwendet werden.

Maximilian-Friedrich Schiek

Die Melodie geht auf Johannes Eccard (Königsberg 1597/1602)[16] zurück und findet sich später auch als Variante bei Johann Hänisch (Leipzig 1625)[17] mit dem Text *O Jesu Christ, meins Lebens Licht* (EKG 317) wieder. Die Melodie selbst ist tänzerisch gesetzt und variiert viermal das gleiche Grundmotiv auf acht Silben mit jambischem Versmaß. Die Verwendung der beliebten ambrosianischen Hymnusstrophe im Paarreim aabb spricht dafür, dass das Gewicht nicht auf der Melodie, sondern auf dem Text liegt, dessen Inhalt gelernt und bekannt werden soll. Die Zeilen 1 und 4 sowie 2 und 3 sind jeweils melodisch Varianten voneinander. Im Rhythmus gibt es keine Variation. So bleibt die Weise kindlich schlicht und eingängig, was durch die in unserer abendländischen Prägung gewohnten Kadenz „Tonika – Subdominante (oder Tonikaparallele) – Dominante – Tonika"[18] zusätzlich verstärkt wird. Der Duktus des Choral-Cantus-Firmus ist dabei durchgängig auftaktig zu deuten und entspricht durch seinen tänzerisch anmutenden Stil charakterlich klar dem Inhalt der freudigen Botschaft im Text: Christus, Kernfigur des Evangeliums.

Wie aus den hymnologischen Nachweisen ersichtlich, ist in der ersten Druckfassung im niederdeutschen Enchiridion an die Verwendung bekannter Luthermelodien gedacht worden (EG 193 oder EG 24). Die heute im EG verwendete Weise ist jedenfalls

[12] Vgl. BSLK, 521 f; HEKG I/2, 255.
[13] Vgl. Tit 2,12b.13.
[14] Vgl. BSLK, 695 f.
[15] HEKG III/1, 515; Volz 1963, 68; ebd. auch die anderen Textvarianten.
[16] S. o. Hymnologischer Nachweis zur Melodievorlage.
[17] S. o. Hymnologischer Nachweis zur Melodiequelle.
[18] ThustL, 360.

nicht speziell für *Ach lieber Herre Jesu Christ* gesetzt worden. Sie geht womöglich auf das Volkslied *Ich fahr dahin, wann es muss sein* zurück (Nürnberg 1452).[19] Eine evangelische Rezeption erhielt sie erstmals 1559 im polnischen Sprachraum, bevor sie 1587 auf den Text von Paul Eber (1511–1569) *Herr Jesu Christ, wahr' Mensch und Gott* (EKG 314) angewendet wurde.

Der im Gesangbuch verbreitetste Strophenbau, vier Zeilen zu acht Silben, ermöglicht eine vielfältige Melodiezuweisung. Das Motiv der Kindschaft Jesu Christi und seiner Geburt durch eine Jungfrau (*von einer Jungfrau rein geborn*) legt die Melodie von EG 24 nahe. Das EKG schlägt alternativ die Melodie von *Steht auf, ihr lieben Kinderlein* (EG 442) vor, welches uns als Melodie im Advent von *Ihr lieben Christen, freut euch nun* (EG 6) besser bekannt ist. Um das Singen dieses Liedes attraktiv zu halten, gilt es solche Überlegungen mit gegenwärtigen Taufgesellschaften zu bedenken oder es zum häuslichen Gebrauch als Wiegenlied in Erinnerung zu rufen. Das gesungene Gebet ist in den ersten drei Strophen „Bekenntnis und biblische Besinnung"[20] und in den letzten drei Strophen Fürbitte für den Täufling. Um diese Merkmale hervorzuheben, könnte man das Lied auch auf die Melodie des Glaubensliedes EG 184 (*Wir glauben Gott im höchsten Thron*) singen, das treffend mit einem „Amen" schließt, welches hier problemlos zur Bekräftigung der Fürbitte für den Täufling angehängt werden kann.

Für die Rezeption besonders bemerkenswert ist die Verwendung des Choral-Cantus-Firmus' in Verbindung mit der gleichnamigen Motette[21] BWV 118 a/b von Johann Sebastian Bach.

MAXIMILIAN-FRIEDRICH SCHIEK/STEFFEN MARK SCHWARZ

[19] So Thust mit Bezug auf das Lochamer Liederbuch, vgl. ThustLI, 360.

[20] ThustLI, 359.

[21] Vgl. Die Welt der Bach-Kantaten Bd. 3, hg. v. Christoph Wolf u. Ton Koopman, Stuttgart 1999, 32.

225 Komm, sag es allen weiter

EG 225(ö) RG 323

Text

Verfasser Friedrich Walz **Entstehung** 1964 für den dritten NGL-Wettbewerb der Evangelischen Akademie Tutzing zur Melodie des Spirituals *Go, Tell it on the Mountain* **Quelle** *GOTT IST DA. NEUE GEISTLICHE LIEDER. Aus dem 3. Wettbewerb der Evangelischen Akademie Tutzing*, Regensburg 1964 **Strophenbau** A7/3a- A6/3b A7/3a- A6/3b R: A7/3x¹- A8/4x² A7/3x¹- A6/3x² **Abweichungen** Strophen 1 und 2 vertauscht; 3,3 *Doch* wer; 3,4 *soll* selber; nach 3: *4. Herr, Deinen Ruf verachten* **Verbindung TM** wie EG

Melodie

Incipit 3_____3_.21_.-6_. -5_____1_____ **Entstehung** s. o. Text/Entstehung **Vorlage** Spiritualmelodie *Go Tell it on the Mountain* um 1865[1] **Quelle** s. o. Text/Quelle **Ambitus** G: 9; Z: (Kv:) 6664 (Str:) 6367b **Abweichungen** Hauptabweichungen zur Vorlagenfassung 1909: Kv Z. 2, N 1+3: *g'*, 6–10: Triole (drei Viertel) *a'g'a'* Viertel *f'*; Z. 4, N 1: *f'*, N 4–6: Triole (drei Viertel); Str. Z. 1: ohne Auftaktnote (eine Silbe weniger) * Q: Ton höher; ¢; Tempoangabe Viertel = 120–125; mit Arrangement (Walter Kargel); Z. 1+3, N 2–3 Achtel mit punktierter Viertel, N 7 Halbe o. folgende Pause * RG: Kv Z. 2, N 1: *g'*; Str. Z. 1+3, N 7 Halbe o. folgende Pause **Verbindung MT** wie EG

Literatur

HEG II, 339 f ** ThustB, 225 f/Nf, 206 f; ThustL I, 393 f ** MöllerQ (2000) 299; RößlerL (²2001) 986 ** Hagen, Rochus A. M.: Texte des Jazz in der Kirche, MuK 38 (**1968**) 26–31 (bes. 27 f) * Buchrucker, Armin-Ernst: Theologie der evangelischen Abendmahlslieder, Erlangen **1987**, 254 f * Arnold/Bresgott **2011**, 207 f * WKernlieder **2011**, 80–85 * Mering **2013**, 97–102

Weil die Melodie vor dem Text da war, beginnen wir mit ihr. Sie war der Anlass für die Entstehung des Liedes im Kontext der ersten Welle der Spiritualrezeption. Bald nach 1950 und der Einführung des EKG mit seinem dezidiert restaurativen Ansatz stellte sich nämlich die Frage, was denn die Gegenwart für den Kirchengesang beitragen könne. Die Entwicklungen der musikalischen Avantgarde mit Serialismus, Postserialismus und Aleatorik waren auf der Ebene des Gemeindegesangs nicht anwendbar, und so wurden die nordamerikanischen Spirituals und Gospel Songs als ein Repertoire wahrgenommen, das

[1] Vgl. http://www.liederprojekt.org/lied31714/4-Go_tell_it_on_the_mountain (15.07.2020) und Thomas P. Fenner: Religious Folk Songs of the Negro as Sung on the Plantations, Hampton V. A. 1909; Faks unter http://linguamusica.eu/tag/gospel/ (15.07.2020).

als Melodienreservoir dienen konnte. Diese Melodien – obschon stilistisch und historisch dem 19. Jh. entstammend – wirkten durch ihre Nähe zu populären Gattungen aktuell, waren eingängig und brachten einen Schwung ins Singen, der den meisten Melodien der eigenen Tradition abging. Dabei wurden häufig nur die Melodien übernommen, ohne dass die Texte ins Deutsche übertragen worden wären, manchmal mit völlig anderem Inhalt, in unserem Fall nur mit einer Anspielung in der Anfangszeile: *Go tell it on the mountain* / *Komm, sag es allen weiter*. Damit ist aus dem erwecklichen Weihnachtslied ein modernes Abendmahlslied geworden.

Die Form zeigt die für das Spiritual-/Gospel-Repertoire typische Kehrvers-Strophen-Struktur. Diese erlaubt auch einer nicht lesekundigen Gemeinde das Mitsingen, eine Situation, die für die Entstehungszeit der Gattung weitgehend vorauszusetzen ist – übrigens auch für die schon im früheren 19. Jh. entstandenen Lieder weißer Erweckungsbewegungen, etwa im Kontext der „camp meetings“, einer Art Prärie-Kirchentagen.

Der Melodiebeginn wird durch den Rhythmus geprägt. Der Anruf *Go* / *Komm* bekommt Raum auf dem langen Ton, danach drängen Punktierungen im raschen Deklamationsrhythmus von betonten und unbetonten Silben nach vorn, die Dehnung am Zeilenschluss fängt die Bewegung auf. Die Synkope zu Beginn der zweiten Zeile ist nicht ungeschickt in den Text übernommen und verstärkt die drängende Aufforderung.

Die mündliche Überlieferung der Melodie hat zu Varianten geführt, auch rhythmisch: In einer Quelle von 1909[2] sind die Schlusstakte der 2. und 4. Zeile des Kehrverses triolisch geformt, die Mitte des Kehrverses endet dort auf dem Grundton statt in der Unterquinte, und in der Strophe fehlt der Auftakt bei der ersten Zeile (bei der dritten ist er vorhanden). Eine kleine Abweichung fällt strukturell auf, nämlich der Beginn der 2. Zeile im Kehrvers. Anstelle des im EG verwendeten *e* findet sich sowohl in der Quelle von 1909 wie auch in anderen heute verbreiteten Fassungen ein *g*.[3] Das *e*, der Leitton, kommt sonst nämlich nicht vor. Damit wäre die Melodie fast durchgehend pentatonisch strukturiert: Der andere Ton, der in der Diatonik einen Halbtonschritt verursacht, das *b*, begegnet nur gerade am Schluss sowohl des Kehrverses wie der Strophe. Harmonisch erfüllt er beide Male eine unterschiedliche Funktion: Dominantseptakkord am Strophenende, der die Rückkehr zum Kehrvers signalisiert und provoziert, Subdominante am Schluss des Kehrverses, um mit der vollständigen Kadenz den Schluss zu befestigen. Elementare Pentatonik und einfache Funktionsharmonik sind somit verbunden. Sowohl in der Strophe wie im Kehrvers nimmt die 3. Zeile die erste wieder auf; zusammen mit der beschriebenen tonalen Struktur verleiht dies der Melodie etwas Formelhaftes, macht sie aber zugleich ausgesprochen eingängig und behaltbar. Man kann durchaus von „Ohrwurmqualität“ sprechen.

Vom Spiritual-Text ist nur die Aufforderung zum Weitersagen in der ersten Zeile geblieben. Aus *Go* hätte eigentlich *Geh* werden müssen, was in der Bewegung logisch gewesen wäre. Der Grund für die Änderung mag klanglich gewesen sein, weil *Komm* vom Vokal

[2] Thomas P. Fenner, Religious Folk Songs of the Negro as Sung on the Plantations, Hampton V. A. 1909, s. Anm. 1.

[3] http://www.liederprojekt.org/lied31714 (14.03.2019); so auch RG 323.

her der Vorlage näher ist und besser in den Deklamationsrhythmus passt; es übernimmt dabei die Funktion einer allgemeinen Aufforderung. Charakteristisch ist die Änderung von *mountain* zu *jedes Haus*, die Verschiebung der Bildwelt von der Natur in die Stadt, näher an die Lebenswelt der meisten heutigen Menschen. Verloren geht dabei eine mögliche Anspielung an Jesaja 52,7, den Freudenboten, der über die Berge herankommt.

Der Schluss des Kehrverses sagt es klipp und klar: Gastgeber ist Gott selbst, zunächst ganz allgemein als der, der in sein Haus einlädt, danach im Besonderen für das Abendmahl. Das ist wichtig für den ökumenischen Dialog, der ja durchaus kontrovers ist. Nicht wir sind es, die einladen, und so sind es auch nicht wir, die über Teilnahme oder Nichtteilnahme entscheiden. So hat es der Reformierte Weltbund 1954 in Evanston im Sinne einer für alle Getauften offenen Eucharistiefeier formuliert.

In der von Friedrich Walz zum 3. Tutzinger Wettbewerb eingereichten Fassung waren die Strophen 1 und 2 noch in umgekehrter Reihenfolge angeordnet. Die heutige Reihenfolge hat zur Folge, dass zuerst noch nicht vom Abendmahl die Rede ist, sondern allgemein vom offenen Haus Gottes, mit den *offne*[n] *Türen* – einen verbreiteten alltäglichen Sprachgebrauch aufnehmend. Dass Gott *mit Geduld* einlädt, nimmt biblische Formulierungen über Gottes Langmut auf,[4] in einer leichten Spannung zum Gleichnis vom großen Gastmahl, wo der Hausherr ja durchaus die Geduld mit den Eingeladenen verliert, dann allerdings die *von den Zäunen und Landstraßen* einlädt.[5] Diese finden sich hier in geistlich konkretisierter Weise in der letzten Zeile *mit Not und Schuld* wieder. Dieser Satz ist im Blick auf die in den folgenden Strophen entfaltete Abendmahlsthematik wichtig, weil er mit der Abendmahlsfurcht angesichts der empfundenen eigenen Unwürdigkeit aufräumt: Gerade *mit Not und Schuld* sind wir zum Tisch des Herrn geladen, um dort Stärkung und Vergebung zu empfangen. Sprachlich ist die Formulierung zwar etwas unbeholfen, aber für den Gedankengang ist die Zeile ein entscheidendes Scharnier.

Dass sich Gott, wie die zweite Strophe sagt, *für uns Zeit nimmt*, greift wiederum Alltagssprache auf und mag für die Kirchenliedsprache leicht befremdlich wirken. Es ist aber aus dem Erleben der Menschen durchaus plausibel – nur zu oft kommt es ja vor, dass jemand keine Zeit für uns hat, obwohl wir sie nötig hätten. Danach kommt nun – in der umgestellten Strophenreihenfolge in der Mitte des Liedes – explizit das Abendmahl zur Sprache. Es ist bemängelt worden, dass das Subjekt des Brotbrechens unklar sei – erst war ja von Gott die Rede, beim Brotbrechen stellen wir uns aber Jesus vor.[6] Die Kritik dürfte überzogen sein, wenn wir das „wahrer Gott" des Nizänischen Glaubensbekenntnisses ernst nehmen und bedenken, dass uns in Christus wirklich Gott selber begegnet. Seine Gegenwart wird in diesen Versen im Akt des Brotbrechens verortet. Das ist umfassender verstanden als die alte Diskussion über die Art und Weise seiner Präsenz in bzw. „in, mit und unter" den Abendmahlselementen.

Der Beginn der dritten Strophe nimmt nochmals die Universalität der Einladung auf – *zu jedem*. Danach kehrt sich die Bewegung um. Gott ist der Einladende, aber er

[4] Vgl. Röm 2,4; 15,5; 2. Petr 3,9.

[5] Mt 22,1–14.

[6] Hagen, referiert bei ThustL.

ist zugleich derjenige, der zu uns kommt, und dabei wird nun auch die traditionelle Verortung seiner Gegenwart *in Brot und Wein* aufgenommen. Der Schluss, der die Teilnehmenden als Boten ausschickt, entspricht der Aufforderung im Kehrvers, der ja abschließend nochmals gesungen wird, inzwischen gefüllt mit den Bildern und Aussagen der Strophen.

Der kurze Text ist insgesamt ausgesprochen dicht, geladen mit Beziehungen und Assoziationen. Eine gewisse stilistische Heterogenität zwischen Alltagssprache und traditionellem liturgischen Vokabular ist nicht zu leugnen. Auch theologisch wirkt nicht alles stringent: Wir sollen kommen – Gott kommt. Ist von Gott oder von Christus die Rede? Ist Christus im Akt oder in den Elementen präsent? Diese Heterogenität kann aber auch als Vorzug gelesen werden. An die Stelle dogmatischer Festlegungen tritt ein Nebeneinander von Bildern und Vorstellungen, die sich streng genommen ausschließen, die aber gerade darin die Mehrdeutigkeit und Offenheit symbolischer Sprache verwirklichen. In der Kernliederliste zum EG ist unser Lied das einzige Abendmahlslied; in seiner Offenheit vermag es unterschiedliche Auffassungen und Akzentsetzungen aufzunehmen und auszudrücken.

Eine grundsätzliche Spannung tut sich auf zwischen der – wenn auch undogmatisch formulierten – Abendmahlstheologie und der Leichtigkeit, mit der die Melodie daherkommt, eine Spannung, die in der Entstehungszeit des Liedes vermutlich deutlicher empfunden wurde als heute, wo die stilistische Öffnung gottesdienstlichen Singens solche Bedenken weitgehend ausgeräumt und bisweilen in dieser Hinsicht gar einer gewissen Sorglosigkeit Platz gemacht hat. In unserem Falle steht die Verbindung von Text und Melodie für den freundlich einladenden und festlich-fröhlichen Charakter des Mahles, das in diesem Falle nicht vom Passionsgedenken dominiert ist, sondern die Mahlgemeinschaft mit dem Auferstandenen feiert.

Andreas Marti

232 Allein zu dir, Herr Jesu Christ

EG 232 RG 208

Text

Verfasser Konrad Hubert (Str. 1–3) **Entstehung** Str. 1–3: Anfang der 1530er Jahre * Str. 4: Nürnberg vor 1540 (DKL III/1.2 Textbd. 152–153) **Quelle** *Der CIII. Psalm, Nu lob* [...] *Das dritte, Alleyn zů dir Herr Jhesu Christ,* Nürnberg [1540] **Überschrift** *Ein ander Lied* **Ausgabe** W III,201 [unter dem Namen Johannes Schnesing] **Strophenbau** A8/4a A7/3b A8/4a A7/3b, A8/4c A8/4c A8/4d A4/2d A8/4d; vgl. Frank 9.3 **Abweichungen** 1,8 *dich* ruf *ich* an; 2,3 derselben mach mich *quit*; 2,5 *zeig mich* deinem Vater; 2,8 so werd ich *quit*; 2,9 in dem *das du mir* versprochen; 3,2 den *rechten* Christenglauben; 3,3 *vnd das ich hie dein* Gütigkeit; 3,4 *innigklich beschawen*; 3,6 gleich *als* mich; 3,8 *dardurch* behend; 4.3 und *Jesu* Christ *seynem einigen* Sohn; 4,4 der *woell vns all behueten*; 4,5 *auch* Gott dem *heyligen Geyste*; 4,6 der uns *sein hilf allzeit leiste*; 4,7 *damit* wir *jm gefellig sein*; 4,8 *hie in diser* Zeit * RG: 1,3 dass du mein *Heiland*; 1,4 mag *sonst mir* werden; 1,5 *Kein Menschenkind ward je geborn*; 1,6 *wie auch kein Engel auserkorn*; 1,8 *Dich* ruf *ich*; 1,9 *dem ich allein vertrauen kann*; 2,1 Mein Sünd *ist*; 2,2 und *reuet*; 2,3 *von ihr mach du*; 2,4 durch *deines Todes* Schmerzen; 2,5 *Ach, nimm dich mein' beim Vater an*; 2,6 *der du für mich genug* getan; 2,8 *Ich halte fest*; 2,9 *Herr, was du mir versprochen* hast; 3,1 *Stärk* mir; 3,3 ich *deiner Freundlichkeit*; 3,4 mög *ewiglich vertrauen*; 3,5 vor *allem herzlich* lieben; 3,6 gleich *als* mich; 3,9 Teufels *Trug*; 4,7 ihm *sein zum Dienst bereit* **Verbindung TM** in der Q ohne N * weitere: Straßburg 1545 (DKL 154505; DKL III/1.2, Eb49; Z IV,7293); Z IV,7294 (DKL 1729[01])

Melodie

Incipit 3b__-7b_1_3b_5_43b_23b_ **Entstehung** zu Paul Hofhaimers Melodie *Ach Lieb mit Leid* s. Kommentar, vgl. auch DKL III/1.3 Textbd. 103 **Vorlage** *Eyn schönn Lied / von vnser heiligen Tauff* [...], Leipzig um 1542/43 (DKL 1543[01]; stark rhythmische Fassung zum selben Text) **Quelle** *Geistliche Lieder. Mit einer newen vorrhede / D. Mart. Luth.* [...], Leipzig 1545 (DKL 1545[01]) **Ausgaben** Z IV,7292b; DKL III/1, B47A **Ambitus** G: 9b; Z: 66(66)6b6b6b46 **Abweichungen** Q: ¢; Quinte tiefer; Z. 1 N 5–6 erst Viertel, dann Halbe; Z. 2 N 6–8 Melisma *e' fis' g' a' g' fis'* (punktierte Viertel, Achtel, Viertel, Halbe, Viertel, Halbe; auf *Er-*); Z. 5 und 6 je N 8 Halbe; Z. 9 N 4 zwei Viertel *g'* (*mein*) *a'* (*Ver-*) (dadurch gehörte die Silbe *-trau-* zum höchsten Ton der Zeile *h'*) * RG: ¢; Ton; Z. 1 N 1 Halbe; Z. 5 und 6 je N 8 Halbe mit Halbepause; Z. 5 u. 6 Halbe, Halbepause; Z. 9 N 4 und 6 Viertel **Verbindung MT** wie EG * RG: Straßburger Fassung des Textes (W III,204) * weitere (nach DKL III/Abschließender Kommentarbd. 114): *Ich preise dich, Herr mein Heiland* (G. Sunnderreitter; in DKL 1581[09]), *Ich dank dem Herrn von Herzensgrund und erzähl'* (C. Spangenberg; in DKL 1582[08]), *Gnädiger barmherziger Gott, ein Vater treu voll Güte* (P. Reinigius; in DKL 1587[08]), *O Gott, du mein getreuer Gott* (C. Becker; in DKL 1605[02])

Literatur

HEKG (Nr. 166) I/2, 284–286; II/2, 67 f; III/1, 546–549; Sb, 255 f; HEG II, 157.162 f.194 f ** ThustB, 229 f/Nf, 110 f; ThustL I, 405–407 ** Koch ([3]1866–1877) VIII, 219–222; KLL (1878–1886) I, 34 f; EEKM (1888–1895) I, 23 f; Schlunk (1951) 19; Bruppacher (1953) 322 f; DKL III/1.1 Textbd., 201 und 1.2 Textbd., 152–153 ** Spitta, Friedrich: „Allein zu dir Herr Jesu Christ". Ein Beitrag zur hymnologischen Geschichte des Elsasses, MGKK 8 (**1903**) 232–241.261–264.301–308.358–366 * Weiss, Ewald: Die Choralsingstunde, GuK **1953**, 184 f * Röbbelen, Ingeborg: Theologie und Frömmigkeit im deutschen evangelisch-lutherischen Gesangbuch des 17. und frühen 18. Jahrhunderts, Göttingen **1957**, 107 f.245 * JennyG **1962**, 246 f * Jenny, Markus: Zu den Weisen von „Sie ist mir lieb, die werte Magd" und „Allein zu Dir, Herr Jesu Christ", JLH 10 (**1965**) 158 f * Rössler, Martin: Bibliographie der deutschen Liedpredigt, Nieuwkoop **1976**, 240

Wie stark das „Incipit" eines Liedes, also der Liedanfang, den Status eines Liedes bestimmen kann, ist hier zu sehen. Mit dem dezidierten „Solus-Christus"-Beginn gilt das Lied als reformatorisches Urgestein, wird so etwa 1617 beim Eröffnungsgottesdienst zur 100-Jahrfeier der Reformation in Dresden in Confiteor-Position angestimmt.[1] Es gehört zu den meistvertonten Liedern in der Kirchenmusik bis hin zu Bachs Choralkantate BWV 33. Wesentlich für diese Kanonisierung im lutherischen Bereich war die Aufnahme ins Babstsche Gesangbuch 1545 (Nr. XXI. des Anhangs „Psalmen und Geistliche lieder / welche von fromen Christen gemacht und zu samen gelesen sind") unter der Überschrift „Ein gemeine beicht / in gesangs weise." Damit bekam das Lied den Status „allgemeines" Beichtlied, war liturgisch verortet und konnte zudem der persönlichen Sterbebereitung dienen.

Dabei ist die Herkunft des Liedes gar nicht spezifisch lutherisch. Es wurde zwar vom Arnstädter Hymnologen Joh. Christoph Olearius 1702 dem Thüringer Pfarrer Johannes Schne(e)sing zugeschrieben, was sich 200 Jahre lang als communis opinio hielt, bis der in Straßburg wirkende Friedrich Spitta 1903 den Straßburger Bucer-Mitarbeiter Konrad Hubert als Autor benennen konnte. Die früheste noch greifbare Überlieferung in einem Vierliederheft ohne Melodien in Nürnberg (1540), dann ein Liedblatt mit Noten in Leipzig (1542/43, nicht 1541, wie im EG angegeben), war tatsächlich „lutherisch" und enthielt die Gloria-Strophe 4. Sie blieb maßgeblich für die Gesangbücher in diesem Raum bis zum EG. In Straßburg erschien es (wie das andere Hubert-Lied EG 194) im Gesangbuch auch erst 1545[2], und zwar ohne Gloria-Strophe, mit einigen Textvarianten und eigener Melodie. Spittas Verdienst ist, diese Fassung als die ursprüngliche nachgewiesen zu haben. Es liegt hier also der (seltenere) Fall einer frühen Liedwanderung – wohl via Einzeldruck ohne Noten – von Straßburg in den mitteldeutschen Raum vor.

[1] S. Irmgard Scheitler, Lutherus redivivus. Das Reformationsjubiläum 1617. Mit einem Ausblick auf das Jubiläum 1717, JLH 55 (2016) 174–215, hier 181.

[2] Ein New Auserlesen Gesang|büchlin /in das die beste[n] verdeudschten Psalmen / Hymni / vnd ander Chorgesenge vnd Geistliche[n] Lieder / aus den bewertiste[n] Kirchen-Gesangbüchlin / mit etlichen newen Psalmen vnd Geistliche Liederen besonders fleis zusame[n] gebracht sind, Straßburg 1545.

Im Straßburger Gesangbuch 1545 lautet die Überschrift konkret inhaltsbezogen: „Ein Bettlied zu Christo unserem einigen Heiland / umb verzeihung der Sünden / und mehrung des Glaubens und warer Liebe." In der frühen Leipziger Quelle heißt es pointierend „Ein schon Lied das der mensch all sein hoffnung und Vertrawen zu Gott sol haben." Im EG steht das Lied der Babst-Tradition gemäß in der Rubrik „Beichte". Als Wochenlied war es (bis 2018) dem 3. Trinitatissonntag mit dem Gleichnis vom verlorenen Schaf zugeordnet. In der Barockzeit gab es bei den Liedregistern extrem variierende Zuschreibungen, Bachs Choralkantate platzierte es singulär zum 13. Trinitatissonntag mit dem Gleichnis vom barmherzigen Samariter. Dieser Befund mag als Hinweis dienen, dass das Lied nicht einseitig vom Kasus Beichte her zu verstehen ist.

Die erste Lied-Doppelzeile ist denn auch mit einem ganz anderen Topos in Verbindung zu bringen: „In te, Domine, speravi" („Auf dich, Herr, hoffe ich") beginnt die letzte Textzeile des Te Deum, des großen Lob- und Dankgesangs der Kirche. Dieser Anklang war sicher allen Gläubigen der Reformationszeit bewusst, wenn sie jetzt in reformatorischer Zuspitzung sangen: *Allein zu dir, Herr Jesu Christ, mein Hoffnung steht auf Erden.* Als „schönes" Vertrauenslied im Te-Deum-Schlussüberschwang setzt dieses Lied also ein! Mit dezidiertem *Ich weiß* – Luthers „certitudo" / Glaubensgewissheit – statt in „Ach"-Bußängsten geht es weiter. *Mein Heiland* formulierte Hubert (statt *mein Tröster*), wohl mit Referenz zur Bedeutung des Jesus-Namens (Apg 4,12). Die Nürnberger Doppelung *Tröster / kein Trost sonst* ist poetisch schwächer, aber inhaltlich pointierend. Im Abgesang wird die Einzigkeit („solus") Christi als Helfer / Heiland (vgl. auch *O Herr, hilf* Ps 118,25) unterstrichen. Die Wendung *der mir aus Nöten helfen kann* rekurriert auf den „Nothelfer"-Topos, zentral für die Gebetskultur vorreformatorischer Frömmigkeit: Zur Absicherung des eigenen gefährdeten Lebens ruft man die 14 Nothelfer mit ihren jeweiligen Zuständigkeiten an, heutigem Versicherungswesen analog. Wenn es im Abgesang ursprünglich hieß *Kein Menschenkind ward je geborn, / wie auch kein Engel auserkorn*, war zudem die Allerheiligen-Litanei im Blick, welche sich nach Trinität und Maria an die „heiligen Engel" wendet. Das alles wird mit dem souveränen *Allein zu dir, Herr Jesu Christ* weggewischt. Die Anrufung kennt jetzt nur noch eine „Adresse", auf die absolut Verlass ist. *DICH ruf ich an* hatte Hubert akzentuierend die viersilbige Kurzzeile gefasst. In der Schlusszeile dann hieß es noch stärker *zu dem ich gantz vertrawen han.* – Die Gegenpoligkeit von Nothelfer-Anrufung und vollstem Vertrauen allein auf Christus bleibt auch in der Folgezeit ein signifikantes Liedmotiv: *Such, wer da will, Nothelfer viel – hier ist der Mann, der helfen kann* (EG 346,2); *Du Friedefürst, Herr Jesu Christ – ein starker Nothelfer du bist / drum wir allein / im Namen dein / zu deinem Vater schreien* (EG 422,1). – Die Nürnberger Textversion lässt das Gegenbild der Helfer-Engel aus dem Spiel, formuliert theologisch steiler und sprachlich etwas gewunden *von Anbeginn ist nichts erkorn*, belässt als Kontrastfolie allerdings den Anklang an Psalm 146,3: *Verlasset euch nicht auff Fürsten / Sie sind Menschen / die können ja nicht helffen* (Lutherbibel 1534).

Das Hauptgeschäft des „Heilands" ist, wie es der Straßburger Lied-Titel benennt, die „Verzeihung der Sünden" (vgl. Mt 1,21) als Lösung der essentiellen *Nöte* der Menschen. So bittet nun in Str. 2 der auf Jesus Vertrauende ihn um Befreiung von aller Schuld – tatsächlich ein Akt der Buße gemäß dem mittelalterlichen Bußschema, wo als erster Schritt nach außen die confessio oris genannt wird auf der Basis von contritio cordis. So beginnt die Strophe mit dem Schuld-Bekenntnis (confessio) und beteuert *reuen mich von Herzen* (contritio cordis). Hubert benannte *Sünd* singularisch als den Menschen bestimmende Macht im Anschluss an die Litanei-Wendung „ab omni peccato" („von aller Schuld"). Statt *frei und los* hieß es ursprünglich in beiden Versionen *quitt und los*, was heute umgangssprachlich anschlussfähig wäre. Im Abgesang wird Christus als „Fürsprecher" (1. Joh 2,1; vgl. Röm 8,33) im Jüngsten Gericht in Anspruch genommen. Die Straßburger Version ist klarer: *Ach zeig mich deinem Vatter an, / Das du für mich hast gnug gethan.* Christus kennzeichnet den Sünder im Gericht als durch sein Heilswerk Gerechtfertigten. *Genug getan* ist Kurzform von „Genugtuung (satisfactio [operis]) getan/vollbracht". Die Wendung taucht bezogen auf Christi Heilswerk erstmals im Lied-Gründungsjahr 1523 bei Paul Speratus auf (EG 342,1; vgl. M. Weise 1531 in EG 103,1). Statt der Bitte *erhalt mich fest* stand am Strophenende ursprünglich nochmals eine dezidierte Vertrauensaussage: *Ich (ver-)laß mich fa(e)st / auff das du mir versprochen hast.* So schloss sich der Kreis zur Diktion der ersten Strophe. Die Vertrauensaussage bildete den Rahmen für die Bitte um Vergebung.

Strophe 3 artikuliert die Bitte „um mehrung des Glaubens und warer Liebe" (Straßburger Überschrift). Die Nürnberger Fassung weicht hier erheblich ab. Huberts Strophe lautete:

Auch meer mir durch dein Freundlichkeit
Den waren Christen Glauben,
Auff das ich deinr Barmhertzigkeit
Mich ewig mög vertrauwen,
Vor allem hertzlich lieben dich,
Mein nechsten darzu gleich als mich;
Dein hilff mir send am letzten end,
Damit behend
Des teuffels trug sich von mir wend.

Die Nürnberger Revision hat deutlich einen mystischen Zug eingetragen. Von *inniglich anschauen* ausgehend verstärkte die Babst-Version dies noch mit *Süßigkeit* statt *Gütigkeit*, was bis zum EKG Bestand hatte. Hubert setzte mit *Barmherzigkeit* (misericordia) die für alle mittelalterliche Bußpraxis zentrale göttliche „Instanz" als Pointe, Anker für das „Vertrauen" des Glaubens in Ewigkeitsperspektive: „non confundar in aeternum" („nicht zuschanden werde ich in Ewigkeit") schließt ja das Te Deum, nachdem es in der Zeile zuvor heißt: „Fiat misericordia tua, Domine, super nos" („deine Barmherzigkeit, Herr, walte über uns"). Der Abgesang von Str. 3 rekurriert auf Jesu Doppelgebot der Liebe (Mt 22,37–39), dessen Realisierung im Christenleben ebenso der göttlichen *Hilf* bedarf wie in der Todesstunde die Überwindung der letzten Anfechtung durch den Teufel. Dessen Agieren kennzeichnet die Nürnberger Version nach Epheser 6,11 (*listigen Anlauff des Teuffels*) als *List*, Hubert dichtete mit Alliteration *des Teufels Trug.*

Es ist deutlich geworden, dass die Straßburger Originalversion inhaltlich und sprachlich einige Vorzüge hat. Von daher waren die Redaktoren des Reformierten Gesangbuchs (1998) gut beraten, diese Fassung zu wählen. Mit dem Zusatz der Gloria-Strophe und in der Wahl der Melodie schlossen sie sich allerdings an die lutherische Tradition an.

Ohne die Gloria-Strophe zeigt das Lied durchgängig *Ich*-Rede, ist darin eben ein „Betlied" des Einzelnen im Vertrauen auf Christus *allein*, das in alltäglicher Frömmigkeitspraxis seinen Platz finden kann, wo stets das Bedenken des *letzten End* zu integrieren ist. Die trinitarische Schlussstrophe nivelliert etwas den Solus-Christus-Ansatz des Liedes, wenn nun der Heilige Geist allgemeiner Trinitätstopik gemäß *allzeit sein Hilfe leist* (vgl. die analoge Wendung in der Gloria-Strophe zu Luthers Psalm-12-Lied EG 273,6). In 2. Korinther 5 vorgebildet ist der Konnex von Geistpräsenz (als *Unterpfand* V. 5) und Lebensführung, *dass wir ihm wohlgefallen* (V. 9). Die Liedstrophe zitiert das wörtlich und schert sich nicht um die dadurch unklare Referenz: Bezieht sich *ihm wohlgefallen* nun auf den *Geist* oder irgendwie auf die ganze Trinität? Als Gloria-Gesang steht die Liedstrophe in liturgiekonformer *Wir/uns*-Rede, ein Bruch zu Strophe 1–3. Dem Gloria-Patri-Schluss „et nunc et semper et in saecula saeculorum" gemäß wird in den umfassenden Horizont von *Zeit* und *Ewigkeit* nun am Ende auch die Lebensführung der Christen eingeordnet.

Die neunzeilige Strophenform mit viersilbiger Kurzzeile an Position 8 ist anspruchsvoll. Der Reim wechselt von Kreuzreim abab im Stollen zu Paarreim cc im Abgesang. Die Kurzzeile steht in der Mitte des finalen Dreier-Reims ddd. Das ist der Habitus eines „Kunstlieds" in höfischem Kontext, vielleicht Reflex auf die Anrufung des alleinigen *Herr Jesu Christ* als Potentat, der über allen menschlichen „Fürsten" steht (Ps 146,3).

Auch bei der Melodie gibt es zwei Stränge. Die lutherische Dominanz in der Liedrezeption hat die wunderbare Straßburger Melodie sozusagen abgewürgt. Sie stand eindeutig in C-(Hypo-)Ionisch – also quasi C-Dur – mit präzise textbezogener Spitzenton-Regie. Die Kurzzeile 8 war Höhepunkt mit Spitzenton *g"*: Oktavsprung zum Einsatzton *DICH* auf *g"* aus der Tiefe der *Nöte* zuvor (*g'*). Die durchgängig über dem Grundton *c"* liegende Schlusszeile mit erneutem Spitzenton *g"* zu *gantz* vergewisserte emphatisch das Vertrauen in Christus. Str. 2 korrespondierte dem zwingend mit *Ich lass mich fast / Auff das du mir versprochen hast.*

Die Melodie zur Nürnberger Liedfassung stammt mit reicher Melismatik (Quelle Leipzig 1542/43) offensichtlich aus einem kunstvollen Tenorlied-Satz. Das Babstsche Gesangbuch hat das etwas zurechtgestutzt, beließ nur am Stollenende ein fünftöniges Melisma, das in der Gesangbuchüberlieferung auf die jetzigen drei Töne geschrumpft ist. Findige Hymnologen haben eine Melodie Paul Hofhaimers zum Lied *Ach Lieb mit Leid* (1512) als weltliche Vorlage ausfindig gemacht, worauf sich die Angabe im EG bezieht. Die Strophenform der „Vorlage" weicht aber ab – Kurzzeile an Position 6, durchgängig sieben Silben in den Langzeilen –, und de facto besteht die Gemeinsamkeit der Melodien nur in der Identität der ersten drei Töne und des Schlusstons, also im Changieren zwischen (Hypo-) Ionisch und Äolisch. Bei der „Vorlage" ist aber der ganze Stollen in Ionisch (Dur), während im Gesangbuch die Wendung nach Moll in Zeile 2 überrascht. Die gegebene stilistische Nähe der beiden Melodien reicht nach heutiger Expertenmeinung nicht hin, ein konkretes Abhängigkeitsverhältnis zu konstatieren.

Die jetzige Melodie zeigt in einigen Details auf den Text bezogene Pointierungen. Zunächst isoliert die erste Zeile in „Dur" das „Solus Christus" vom sonstigen „Moll"-Kontext. (In originaler Tonlage ist der Grundton ein Christus-C, was auch Bach in BWV 33,1 noch bewusst umsetzt!) Dem korreliert sinnträchtig als einzige weitere „Dur-Kadenz" *Ich ruf dich an* in der formal akzentuierten Kurzzeile. Die Polarität von Dur- und Moll-Schluss zwischen Z. 1 und 2 profiliert inhaltlich den Gegenpol von Heil in Christus und menschlicher Moll-Realität *auf Erden*. In der Gesangbuchversion seit Babst 1545 verkörpern die ersten vier Töne *Allein zu dir* mit ihren großen Notenwerten und der Rückkehr zum Grundton cantus-firmus im Wortsinn. Die melodisch identische Wiederholung der Z. 5 in Z. 6 macht den Wechsel zum Paarreim überdeutlich und korrespondiert in Str. 3 exakt mit dem Doppelgebot der Liebe in diesen beiden Zeilen – *Das ander ist dem* gleich (Mt 22,39) musikalisch wörtlich genommen. Wie in der Straßburger Version hat die Melodie ihren Tiefpunkt bei *Nöten*, in Str. 2 analog *der Sünden Last*, welche niederdrückt. „Aus der Tiefe" (Psalm 130) aber findet das Rufen zurück zum Christus-Grundton von Z. 1. Die Rhythmik ist ambitioniert in ihrem Variantenreichtum, zeigt darin „Kunstlied"-Gepräge. Mit der melodischen Verdoppelung im Abgesang korrespondiert die Einführung des dezidierten Halbe/Zwei-Viertel-Pulses, der auch in Z. 7 fortgesetzt wird. Solch insistierendes Klopfen kann mit dem Bußtopos in Verbindung gebracht werden (*Klopfet an, so wird euch aufgetan* Mt 7,7). Synkopische Wendungen am Zeilenende (1, 3, 8, 9) unterstreichen die hier platzierten Hauptworte, z. B. *Jesu* (Christ)/*Vertrauen* (Str. 1).

Konrad Klek

234 So wahr ich lebe, spricht dein Gott

Text

Verfasser Johann Heermann **Vorlagen** Martin Moller: *Meditationes sanctorum patrum I*, Görlitz 1584, Heft 33,11 * Str. 1 nach Nikolaus Herman *So war ich leb, spricht Gott der Herr* (vgl. W III,1381) * Hes 33,11 **Quelle** *DEVOTI MUSICA CORDIS. Hauß= und Hertz=Musica.* (Johann Heermann), Breslau 1630 (DKL 1630[05]) **Überschrift** *Trewe Vermahnung, aus dem H. Augustino, daß man die Busse nicht auffschieben sol. Im Thon: Vater unser im Himmelreich.* **Liturgische Einordnung** Kapitel: *Buß- und Trost=Lieder* **Ausgaben** FT I,318 * *Johann Heermanns geistliche Lieder* (Philipp Wackernagel, Stuttgart 1856) **Strophenbau** A8/4a A8/4a A8/4b A8/4b A8/4c A8/4c vgl. Frank 6.33 **Verbindung TM** in der Q ohne N, aber Überschrift wie EG (das Lied von Nikolaus Herman, s. Vorlage, ist vierzeilig)

Melodie

s. *Vater unser im Himmelreich* (EG 344)

Literatur

HEKG (Nr.169) I/2, 290 f; III/1, 546.553; Sb, 259; HEG II, 135–137.145–148 ** ThustB, 231 f/Nf, 212; ThustL I, 409 f ** KLL (1878–1886) II, 270; EEKM (1888–1895) III, 454 f; Nelle (^{3}1924/1962) 143 (Nr. 241); Bruppacher (1953) 325 f; RößlerL (^{2}2001) 373 ** Holliger, Hans: Aus der Welt des Probebandes. So wahr ich lebe, spricht dein Gott, Der evangelische Kirchenchor 54 (**1949**) 2–6 * Ernst, Hans-Bruno: Zur Geschichte des Kinderlieds: Das einstimmige deutsche geistliche Kinderlied im 16. Jahrhundert, Regensburg **1985**, passim * Schildhauer-Ott, Ruth: Der schlesische Dichterkreis des Barock und seine Bedeutung für das evangelische Kirchenlied, Aachen **2004**, 180 f.205

In unserem Lied, das auf Hesekiel 33,11 Bezug nimmt, sprechen vier Personen: Der Prophet Hesekiel, Gott selbst mit den Worten des Propheten (Str. 1), der Dichter als Kommentator der Rede Gottes (2–6) und der angesprochene Beter (7). Das Lied beruht – wie die meisten anderen Lieder des Abschnitts „Buß- vnd Trost-Lieder“ in der Quelle – auf den Meditationen Martin Mollers.[1] Moller ging davon aus, dass die hier zugrunde liegende Meditation auf Augustinus zurückgeht. Sie stammt jedoch von Anselm von Canterbury.[2]

Johann Heermann ist mit neun Liedern im EG vertreten. Darin finden sich allerlei Arten von Frömmigkeit: Gebetsfrömmigkeit, Andacht ohne konfessionelle Polemik,

[1] MEDITATIONES sanctorum Patrum. Schöne / Andechtige Gebet / Tröstliche Sprüche / Gottselige Gedancken / Trewe Bußvermanungen / Hertzliche Dancksagungen / vnd allerley nützliche Vbungen des Glaubens. Auß den heiligen Altvetern *Augustino Bernhardo Taulero*, Vnd andern fleissig vnd ordentlich zusamen getragen vnd verdeudtschet / Durch Martinum Mollerum Diener des H. Euangelij [...] zur Sprottaw [1584].

[2] HEKG Sb, 259.

Versenkung in das Leiden Christi sowie in sein eigenes. Insgesamt ist der Text des Liedes getragen vom persönlichen Glauben und Denken des Dichters. Die Themen sind vor allem Erbsünde, Erweckung, Reue, Buße, Umkehr und Gnade.

Str. 1 hat Ähnlichkeit mit einer Strophe Nikolaus Hermans, die siebzig Jahre zuvor ebenfalls auf Hesekiel 33,11 Bezug nimmt.[3] Möglicherweise ergibt sich daraus eine literarische Abhängigkeit. Jedenfalls gesteht der Dichter diesem Lied einen besonderen Wert zu, indem er mit ihm seine Sammlung „Devoti Musica Cordis" eröffnet.

In Str. 1 wird der erste Teil von Hesekiel 33,11 nach Luther zitiert, sprachlich umgewandelt und in Reime gebracht. Das Wort *Menschenkind* in Str. 2, das bei Hesekiel den Propheten selbst meint, wird hier auf den Beter bezogen, der als sündig angesprochen wird ohne genaue Angabe, wieso. Die pauschal vorausgesetzte Sünde führt zur Verzweiflung, wenn sie nicht von der Gnade Gottes abgelöst wird. Der Gedanke erinnert an Luthers Lied *Nun freut euch, lieben Christen gmein,*[4] wo die Sünde des einzelnen Gläubigen gemeint ist, nicht die des ganzen Volkes wie bei Hesekiels Strafpredigt gegen das Haus Israel, das versucht ist, fremde Götter anzubeten. In unserem Lied geht es um *Seel und Leib* des Einzelnen, also um den ganzen Menschen, der womöglich sterben muss, ohne Buße getan zu haben (Str. 5–6). Das Dringen darauf, dass die Buße sofort, also *noch heute*, zu geschehen habe, weist voraus auf die spätere pietistische Praxis, die Bekehrung zu verbinden mit Tag und Stunde, an dem sie geschehen ist. Die Warnung vor Zeitverzögerung in Str. 3 wird ergänzt durch die Ablehnung aller Leichtfertigkeit, mit der auf die Barmherzigkeit reagiert werden könnte. Heermann meint damit das, was Dietrich Bonhoeffer 1937 zu Beginn seines Buches „Nachfolge" mit „billiger Gnade" bezeichnet hat, das bequeme Annehmen pauschaler Vergebung, ohne sich um deren Folge zu kümmern: die Änderung des Lebens. In den Strophen 3–6 warnt der Dichter davor, sich Zeit zu lassen bis zur Todesstunde, in der sich Gott dann zum Schluss doch noch erbarmen wird. Am Ende von Str. 6 droht der Dichter sogar mit dem höllischen Feuer, wenn einer ohne Buße verstirbt. Das Lied endet mit einem Gebet, in dessen Zentrum das *heute* steht und in dem die Buße ohne Verzögerung stattfinden soll, damit der Beter *heut und jederzeit* zum Sterben bereit ist. Diese Eile, das Drängen auf Bekehrung und die persönliche Herzens-Frömmigkeit, die aus dem Lied spricht, lässt Johann Heermann zu einem frühen Wegbereiter des Pietismus werden.

Die Melodiezuweisung „Jm Thon: Vater vnser im Himmelreich" macht deutlich, dass auch dieses Lied „auff bekandte / vnd in vnsern Kirchen vbliche Weisen verfasset" ist, wie es auf der Titelseite heißt. Auch hier zeigt sich eine große Verbundenheit mit der Tradition. Johann Heermann kam es vor allem auf das Wort an, nicht auf neue musikalische Formen. Seine schlesische Gemeinde sollte sich in bekannten Melodien geborgen fühlen.

Wolfgang Herbst

[3] Nikolaus Herman, Sontags Euangelia vnd von den fuernembstē Festen vber das gantze Jar / Jn Gesenge gefasset … Durch Nicolaum Herman im Joachimsthal, Leipzig 1560. Darin: „Ein Lied / vom Ampt der Schlüssel / vnd krafft der heiligen Absolution / für die Kinder im Jochimsthal": *So war ich leb / spricht Gott der Herr / Des Sünders todt ich nicht beger / Sondern das er bekere sich / Thu buss vnd leb auch ewiglich.*

[4] EG 341,3 *Die Angst mich zu verzweifeln trieb.*

309 Hoch hebt den Herrn mein Herz und meine Seele

EG 309 RG 1+ KG 745+ CG 818+

Text

Verfasser Fritz Enderlin **Entstehung** für RKG **Vorlagen** Magnificat Lk 1,46–55 (Ps 8, vgl. ÖLK) **Quelle** RKG, Zürich 1952 **Strophenbau** A11/5a- A11/5a-, A10/5b A10/5b, vgl. Frank 4.107 **Abweichung** RG/KG/CG: 2,4 *das Ehrfurcht kennt und wahrt* sein heilig Recht **Verbindung TM** wie EG

Melodie

s. *Wie herrlich gibst du, Herr, dich zu erkennen* (EG 271)

Literatur

HEG II, 85 ** ÖLK Lfg 2; ThustB, 277/Nf, 256; ThustL II, 80f ** Bruppacher (1953) 39f ** KLARER, Stephan: Vielfalt der Formen und ihre praktische Verwendung. Einführende Orientierungshilfe zu ausgewählten Gesängen, WGB 1 (**1998**) 31–79 (bes. 54) * WIEHMANN GIEZENDANNER, Dorothea: Maria gibt den Ton an. „Hoch hebt den Herrn mein Herz und meine Seele“, NSK **1998**/1,4f * WIEHMANN GIEZENDANNER, Dorothea: Maria gibt den Ton an – aber „die Frauen sollen in der Versammlung schweigen“, GAGF 36 (**1999**) 83–97

Die Verbindung des Magnificat-Textes mit der Genfer Melodie zu Psalm 8 geht zurück auf das 1646 von Justus Gesenius und David Denicke herausgegebene Hannoversche Gesangbuch (*Mein hertz unnd seel den HErren hoch erhebet*).[1] Die letzte Strophe dieses Liedes ist dort eine trinitarische Doxologie, dem Magnificat in Analogie zu den Psalmen nach lutherischem und katholischem Brauch angefügt. Diese Doxologiestrophe erscheint als selbständiges Lied sowohl im EG (160) wie im RG (354).

In den Schweizer Psalmenbüchern des 17. bis 19. Jh. stand das Straßburger Magnificatlied *Mein Seel erhebt den Herren mein.*[2] Für das reformierte Schweizer Kirchengesangbuch von 1952 griff man an seiner Stelle auf die hannoversche Verbindung des Magnificat mit Psalm 8 zurück. Der Text wurde für das RKG von dem Schweizer Germanisten Fritz Enderlin geschaffen. Sowohl das RG wie das EG übernahmen diese Fassung, ebenso das katholische Schweizer Gesangbuch.

Die Melodie fügt sich gut mit dem Magnificat zusammen. Der gewichtige Aufschwung des Anfangs – mit den fünf aufeinander folgenden langen Noten ein Unikum

[1] FT II,411.

[2] Im Festliederanhang zum Berner Psalmenbuch ab 1753 ersetzt durch *Auf meine Seel, ermuntre dich* auf dieselbe Melodie, ab der Ausgabe 1775 als Nr. 11 zwischen den Neujahrs- und den Passionsgesängen.

im Genfer Psalter – zeichnet den Gestus des Erhebens nach; die durchgehend großen Zeilenambitus halten die Hochstimmung durch, und die Dramatik der scharfen Gegensätze im Magnificat findet eine gewisse Entsprechung in der kantig wirkenden dorischen Tonart, den häufigen Richtungswechseln und in der für die Genfer Melodien seltenen engen Verbindung von der dritten zur vierten Zeile: mit kurzer Zäsur und Kurzauftakt statt der sonst im Psalter fast ausnahmslos verwendeten vollen Zeilenpause mit langem Auftakt.

Jede Nachdichtung interpretiert ihre Vorlage, verstärkt Gesichtspunkte, schwächt oder verschiebt andere. Dies ist auch beim Magnificatlied zu beobachten, wie der Vergleich des biblischen Textes mit dem Liedtext zeigt. Wir zitieren dafür die Fassung der älteren Zürcher Bibel, wie sie zur Zeit von Fritz Enderlin im Gebrauch war.

Lk 2,46b *Meine Seele erhebt den Herrn,*

47 *und mein Geist frohlockt über Gott,*
meinen Heiland.

1. *Hoch hebt den Herrn mein Herz und meine Seele,*
den großen Gott, dem ich mein Heil befehle.
Dass er mein Heiland ist, frohlockt mein Geist,
der seinen Gott, den Herrn und Retter, preist.

Der doxologische Einstieg ist breiter ausformuliert und erhält dadurch mehr Gewicht im Ganzen. Das Magnificat erscheint primär als Lobgesang, die konflikthaften Gegenüberstellungen treten proportional leicht zurück.

48 *dass er hingesehen hat auf die*
Niedrigkeit seiner Magd;
denn siehe, von jetzt an werden mich
seligpreisen alle Geschlechter.

2. *Er hat auf meine Niedrigkeit gesehen,*

Die *Magd* entfällt, so dass das Lied nicht mehr explizit als Lied einer Frau erkennbar ist. Ebenso wird der in der Vorlage enthaltene Begriff der Seligpreisung nicht übernommen. Damit entfällt auch die Anspielung an das Ave Maria (*gebenedeit unter den Frauen*, Lk 1,42). Beide Veränderungen heben die spezifische Kontextualisierung des Gesangs im Rahmen des Lukasevangeliums auf zugunsten einer Generalisierung, in die sich alle Menschen einschließen können.

49 *Denn Großes hat mir der Mächtige getan,*
und heilig ist sein Name,

und große Dinge sind an mir geschehen.

Etwas schade ist, dass der Satz *heilig ist sein Name* im Liedtext keinen Niederschlag gefunden hat. Er würde ebenso an das Vater Unser / Unser Vater wie an jüdische Gebetsdiktion erinnern. Das Wort *heilig* erscheint immerhin am Ende der Strophe.

50 *und seine Barmherzigkeit währt von*
Geschlecht zu Geschlecht über die, welche
ihn fürchten.

Barmherzig ist er jeglichem Geschlecht,
wo Furcht des Herrn bewahrt sein heilig Recht.

Der für heutiges Verständnis sperrige Begriff *fürchten* ist im Liedtext expliziert durch den Verweis auf Gottes Willen, sein *heilig Recht*. Die Schweizer Gesangbücher haben ihn zusätzlich präzisiert als *Ehrfurcht*: *das Ehrfurcht kennt und wahrt sein heilig Recht.*

51 *Er hat Macht geübt mit seinem Arm;*
er hat zerstreut, die hochmütig sind in ihres
Herzens Sinn;

Dieser Vers fällt weg. Das Machtparadigma ist zwar im Ganzen noch da, wird aber vom Textumfang her spürbar zurückgestuft.

52 *er hat Gewaltige von den Thronen*
gestoßen und Niedrige erhöht.

3. *Gewaltige stößt er von ihren Thronen;*
wer niedrig stand, darf hoch in Ehren wohnen.

Dieser Vers ist ziemlich genau übernommen. Die – durchaus gesellschaftskritisch zu lesenden – Gegensätze sind also noch vorhanden, wenn auch ohne den ausdrücklichen Verweis auf Gottes Machtausübung.

53 *Hungrige hat er mit Gütern gefüllt*
und Reiche leer weggeschickt.

Die Reichen lässt er leer im Überfluss,
macht Arme reich, macht satt, wer darben muss.

Im Kontrast der negativen und der positiven Aussage wird die positive verstärkt, indem Gottes Wirken für die Armen durch die zusätzliche Nennung der Darbenden verdoppelt wird. Andererseits nimmt Enderlin eine Schwächung des negativen Teils vor: *leer im Überfluss* lässt eher an die innere Leere trotz allem Reichtum denken, während der biblische Text eine materielle Enteignung impliziert und in der Linie der prophetischen Reichtumskritik liegt, wie sie etwa in Jesajas Weherufen deutlich wird (Jes 5,8–24).

Die ganze dritte Strophe bringt somit im Vergleich mit der Vorlage eine Verschiebung im Gottesbild. Gott ist weniger der mächtige Herrscher und Rächer, schon gar nicht mittels eines gewaltsamen Eingreifens, dafür mehr der Barmherzige, der Heiland. Beide Seiten sind zwar vorhanden, doch ist die Gewichtung anders als in der Vorlage.

54 *Er hat sich Israels, seines Knechts*
angenommen,
zu gedenken der Barmherzigkeit,

55 *wie er geredet hat zu unsern Vätern,*
gegenüber Abraham und seiner
Nachkommenschaft in Ewigkeit.

4. *Er denkt wohl der Barmherzigkeit und Güte,*
dass er die Seinen väterlich behüte.
Wie er verhieß: Sein Volk, sein Eigentum
bleibt ewiglich zu seines Namens Ruhm.

Die spezifischen Begriffe „Israel“ und „Abraham“ sind vermieden. In Deutschland wurde zwar unter der nationalsozialistischen Herrschaft die Beseitigung von Hebraismen und Zionismen betrieben, doch ist ein solcher ideologischer Hintergrund für Enderlin sicher nicht anzunehmen. Vielmehr geht es ihm offenbar auch hier wieder um eine Entkoppelung des Textes von seinem spezifischen Kontext, um ihn in dieser Generalisierung möglichst vielen Menschen zugänglich und in vielen Situationen verwendbar zu machen.

Das Magnificat ist ein Ur-Lied der christlichen Gemeinde. Im Konzept des Lukasevangeliums lässt es die Bitten und Hoffnungen, das Gottesbild und den Lobpreis Israels unter dem Vorzeichen des neuen, des messianischen Äon weiterklingen. Das Lied der Hanna (1. Sam 2,1–10) und Psalm 113 liefern die Stichworte und Gedanken und bilden die Brückenköpfe für eine der wichtigsten Verbindungen zwischen den beiden Testamenten.

Dass das Magnificat seit der Antike seinen festen Platz in der Vesper erhielt, machte es zu einem der meistgebeteten Texte der Christenheit, und da die Vesper neben der Messe in der liturgischen Tradition der am häufigsten gefeierte öffentliche Gottesdienst ist, nehmen Magnificat-Vertonungen im kirchenmusikalischen Repertoire einen gewichtigen Platz ein.

Verstärkt wurde die Bedeutung des Lobgesangs der Maria im Kontext der Marienverehrung, die im Mittelalter stark zunahm und auch durch die Reformation keineswegs beendet wurde. Noch bis ins 19. Jh. gab es beispielsweise im Berner Psalmenbuch die Rubrik „Marienlieder", und die zahlreichen Marienkirchen in lutherischen Städten zeugen von einer selbstverständlichen Kontinuität.

Dabei ist zu bedenken, dass das Magnificat ja nicht Maria verehrt, sondern ihr vom Evangelisten in den Mund gelegt ist. An dieser Stelle erheben sich Fragen an die kirchliche Tradition. Wie ist es möglich, dass die Kirche jahrhundertelang das Lied einer Frau als eines ihrer wichtigsten Lieder singt und zugleich die Frauen von der vollen Mitverantwortung ausschließt? Die protestantischen Kirchen waren in dieser Hinsicht bis vor noch nicht allzu langer Zeit nicht besser als die römisch-katholische und die orthodoxen, und auch in einigen protestantischen Kirchen lässt die Anerkennung der Frauen immer noch auf sich warten.

Wie ist es ferner möglich, dass seit Jahrhunderten täglich im Magnificat die Umkehr der sozialen Ordnung, die Befreiung der Armen besungen wird, die Kirchen aber allzu oft auf der Seite der Mächtigen und Reichen standen (oder noch stehen)? Wo bleibt der revolutionäre Gestus des Liedes? Wird er in die Schönheit oder in die Routine der Liturgie wie in Watte eingepackt und entschärft? Freilich: Das Magnificat erwartet die radikale Veränderung von Gott, der *mächtige Dinge tut.* Gerade die lutherische Argumentation legt traditionell Gewicht darauf, dass nicht wir es sind, die Gerechtigkeit herstellen, die die Welt in Ordnung bringen und vom Übel erlösen können. Aber gäbe es nicht so etwas wie die Befreiung zur „Mitarbeit am Reich Gottes"? Sicher bleibt es Gottes Werk, und archaische Vorstellungen von einem gewaltsamen Eingreifen Gottes, womöglich noch als Legitimation menschlicher Gewalt, sind nicht akzeptabel. In diesem Sinne können Enderlins Akzentverschiebungen gegenüber dem Magnificat-Text gelesen werden. Das ändert aber nichts daran, dass das Magnificat die permanente Beunruhigung, der soziale, politische Stachel im Fleisch der Liturgie bleiben soll.

Andreas Marti

313 Jesus, der zu den Fischern lief

EG 313 EM 555

Text

Verfasser Jürgen Henkys **Entstehung** vgl. Kommentar **Vorlagen** Mt 4,18–22; Mt 9,9–13; *Jezus die langs het water liep* (Ad den Besten, 1961) **Quellen** (a) Niederländische Kirchenlieder, aus Liedboek voor de Kerken (1973), übertragen von Jürgen Henkys und Ad den Besten, in: *IAH-Bulletin 4 (1977)*, 64–78, Liedübertragung S. 70 * (b) *NEUE LIEDER. Beiheft zum Evangelischen Kirchengesangbuch*, Berlin 1978 **Überschrift** (a) *47 Jezus die langs het water liep* * (b) 75 **Strophenbau** A8/4a A8/4a A7/3b- A7/3b- A8/4c A8/4c A7/3b- A7/3b- **Verbindung TM** (a) ohne Noten * (b) wie EG

Melodie

Incipit 1_123b_4_ 5_6b_5_ **Verfasser** Frederik August (Frits) Mehrtens **Quelle** *Liedboek voor de Kerken*, 's Gravenhage 1973 **Ambitus** G: 8; Z: 6b6b447b7b58 **Abweichungen** letzter Takt: punktierte Halbe mit Viertelpause * EM: mit 4st. Satz (S. Bergemann 2001) **Verbindung MT** wie EG

Literatur

HEG II, 38.140–142.212 f. mit Ergänzungen von Wolfgang Herbst in JLH 55 (2016), 245 ** ThustB, 278 f/Nf, 257; ThustL II, 84 f; Een Comp, 229 f.1211–1214 ** Meyer ([2]1997) 57 f.106 f ** Ochs, Volker, „Jesus, der zu den Fischern lief". „Neue geistliche Lieder", Beiheft zum EKG Nr. 75, Chl 35 (3/1982) U38 f * Drömann, Hans Christian/ Schuberth, Dietrich (Hg.): 36 Neue Lieder mit Erläuterungen als Anleitung zum Singen mit der Gemeinde, Kassel **1986**, Nr. 20 * Nievergelt, Edwin: Niederländische Kirchenlieder, NSK 1987/1, 9 f * Handt, Hartmut: Jesus, der zu den Fischern lief, WEG VI (**2000**) 94–96 * Krüger, Horst: Jesus, der zu den Fischern lief, in: Hartmut Handt/Armin Jetter (Hg.): Voller Freude. Liedandachten zu den Sonntagen und Festen des Kirchenjahres und zu besonderen Anlässen, München **2004**, 221–224

Das Lied steht in der Rubrik „Biblische Erzähllieder", denen das EG – vom niederländischen „Liedboek voor de kerken" (1973, dort allerdings „Bibellieder") angeregt – als erstes deutsches Gesangbuch eine eigene kleine Abteilung gewidmet hat. Ein biblisches Erzähllied zeichnet sich durch einen erzählenden Ton aus und dadurch, dass eine biblische Geschichte, meist in Strophenform, mehr oder weniger ausführlich nacherzählt wird. Man kann fragen, ob in diesem Sinne nicht auch manch altes Weihnachts- oder Osterlied von Martin Luther oder den Böhmischen Brüdern (vgl. z. B. EG 103 und 105) ein „biblisches Erzähllied" darstellt, doch diese Lieder zieht die Rubrik Kirchenjahr natürlich immer an sich. Man kann auch fragen, ob EG 313 überhaupt in diese Rubrik gehört, denn der Autor erzählt ja nicht *eine* biblische Geschichte – entsprechend fehlt im EG auch die Bibelstellenangabe über dem Lied[1] –, vielmehr lässt er in den Strophen 1 und 2 mehrere Bibelerzählungen anklingen, so die Berufung der Brüder Simon und Andreas aus Matthäus 4,18–20 (nicht aber Jakobus und Johannes, Mt 4,21 f) und Jesu Selbsteinladung bei einem Zöllner[2], wobei der Liedtext sich nicht eindeutig einer Bibelstelle zuordnen lässt, denn Str. 2, Zeilen 3 und 4 erinnern eher an den Zöllner Zachäus aus Lukas 19,1–10.[3] Die 3. Strophe weist gar keinen Bezug zu einer biblischen Erzählung auf, allerdings werden die Frage des Petrus aus Johannes 6,68 und das „Ich-bin-Wort" Jesu nach Johannes 14,6 zitiert. Angesichts dieses Befundes sollte unser Lied besser als Themen-Lied bezeichnet werden. Es könnte auch in der Rubrik „Umkehr und Nachfolge" stehen.[4]

Der Dichter der niederländischen Vorlage, Ad den Besten, berichtet, dass sein Lied *Jezus die langs het water liep* ursprünglich für eine Bilderbibel bestimmt war[5] und dass er es einer seiner Töchter ins Poesiealbum geschrieben hatte. An eine Verwendung im Gemeindegottesdienst hatte er nie gedacht, zur Aufnahme des Liedes in das „Liedboek voor de kerken" sei er regelrecht gedrängt worden.[6]

Jürgen Henkys teilt mit, dass er für Besuche der niederländischen Partnergemeinde in Petershagen, einem östlichen Vorort von Berlin, wo Henkys seit 1965 wohnte, gebeten wurde, niederländische Kirchenlieder ins Deutsche zu übertragen, um einerseits den „Import" nichtdeutscher Lieder zu fördern, um andererseits Lied- und Andachtsmaterial bereitstellen zu helfen, mit dem die Partnerschaft gepflegt werden konnte. In einem Brief vom 19.10.1975 lobt Ad den Besten Henkys für die Übertragung besonders dieses Liedes: „4. Jesus, der zu den Fischern lief finde ich die beste von diesen fünf Eindeutschungen niederländischer Lieder. Und zwar vor allem wegen des gut durchgehaltenen volkstümlichen Tones ..."[7]

Das Lied folgt dem „Lebenslauf" Jesu, von Galiläa über den Weg nach Jerusalem bis hin zu den universellen Kategorien Welt und Zeit. Formal verbleibt die jeweils erste Strophenhälfte (Zeilen 1 bis 4) im Erzählmodus (3. Person), während die zweite Strophenhälfte jeweils in den Anrede- und Verkündigungsmodus (1. und 2. Person) übergeht. Zugleich überschreitet der Autor mit der zweiten Strophenhälfte vor allem in den

[1] Vgl. aber EG 311, 312, 314, 315. Dagegen stehen im niederländischen „Liedboek voor de kerken" (1973) über dem Lied (Nr. 47) sieben Bibelstellen: Mt 4,18–22; Mk 1,16–20; Lk 19,1–10; Mt 19,21; Jes 42,2; Ps 95,7 und Joh 6,68.

[2] Die Stellenangabe bei Str. 2 (Mt 9,9–13) irritiert, denn aus Mt 9,10 geht nicht eindeutig hervor, dass Jesus bei Matthäus einkehrte. Nur Mk 2,14 f., wo der Zöllner Levi heißt, macht klar, dass Jesus bei ihm zu Gast war (*in seinem Hause*).

[3] Das Liedboek nennt nur Lk 19,1–10 als Referenzstelle.

[4] Merkwürdig, dass es im ausführlichen Inhaltsverzeichnis (Lieder und Gesänge) zu Beginn des EG unter den weiteren Liedern zu „Umkehr und Nachfolge" neben EG 312 und EG 315 fehlt. – In Neue Lieder. Beiheft zum EKG (1978) steht das Lied unter der Nr. 75 in der Rubrik „Sendung und Dienst".

[5] Für die Bijbel voor de kinderen van Dr. J. L. Klink, vgl. Een Comp 230. – Für die Besorgung niederländischer Literatur und für manche Übersetzungshilfe danke ich dem niederländischen Prädikanten Fred Sandbergen.

[6] Meyer, 57. – In Een Comp berichtet den Besten, dass er für die Aufnahme ins Liedboek zu Umarbeitungen genötigt wurde (*u/Sie* statt *jou/du*), so dass aus dem reinen Kinderlied ein Lied für alle wurde.

[7] Vgl. Jürgen Henkys Nachlass, Evangelisches Zentralarchiv Berlin, EZA 811/56.

ersten beiden Strophen den „Graben der Geschichte“, stellt einen Gegenwartsbezug her und tritt ins Heute ein. Das wichtige Temporaladverb *heute* begegnet in jeder Strophe. Ad den Besten hatte bei diesem Wort (*vandaag*) offenbar an Psalm 95,7 und den darauf Bezug nehmenden Midrasch aus Hebräer 3 f gedacht: Der Ruf Jesu ist nicht nur Geschichte (*rief*), sondern auch Gegenwart (*ruft*). Indem sich der deutsche Autor des Jesuswortes aus Matthäus 18,20 bedient, dürfte er die spezifische Situation der Christen in der DDR in der 2. Hälfte des 20. Jh. reflektiert haben, die durch eine forcierte Säkularisierung gekennzeichnet war (*ruft/fragt mich und dich, zwei oder drei*), in der marktschreierische Missionsmethoden ausgedient hatten und nur stille Werbung möglich war (*ruft nicht, wie man beim Jahrmarkt schreit*).[8] Das Adverb *vielleicht* (niederländisch *misschien*) benennt den Zweifel als Glaubensform und Lebenshaltung. Man kann annehmen, dass Henkys die Frage, was christliches Leben in der Moderne und unter den Vorzeichen einer marxistischen Gesellschaft bedeutet, damals besonders beschäftigte.[9]

Obwohl die Worte „Nachfolge“ oder „nachfolgen“ nicht explizit begegnen, steht Bonhoeffers Buch von 1937[10] mit seiner Entschiedenheit und Unbedingtheit im Hintergrund (Str. 1 *alles aufzugeben, treu ihm nachzuleben,* Str. 2 *was ihr liebhabt, geben,* Str. 3 *er will uns alles geben*). Str. 3 verlässt die Geschichten- und Geschichtsebene und bewegt sich auch grammatikalisch im Präsens. Interessanterweise hat Henkys hier auf einen Namen oder Hoheitstitel ganz verzichtet. Damit hat er die historische Ebene verlassen und die Gegenwärtigkeit des Auferstandenen betont.[11] Mit dem Ausdruck *die Wahrheit und das Leben* zitiert er nicht nur Johannes 14,6, wobei der fehlende „Weg“ im Sinne von Lernen und Veränderungsbereitschaft in den voranstehenden Zeilen anklingt (*Und blieben wir auch lieber stehn – / zu wem denn sollten wir sonst gehn?*); er verzichtet auch auf die Erwähnung des ewigen Lebens (niederländisch *het eeuwig leven*). Ad den Besten war mit diesem Schluss nicht einverstanden. Er schreibt: „Ließe in Strophe 3 Vs 6 ‚zu wem denn sonst sollen wir gehen‘ sich nicht besser singen? Die diesem Vers vorangehende Zeile gefällt mir am wenigsten. Mit ‚aanlokken‘ ist ja gemeint, daß wir Gefahr laufen, anderswohin zu gehen, anderswo unser Heil zu suchen [*En lokt ook nog zoveel ons aan* – Und lockt auch noch so viel uns an, B. S.]. Und wenn ich mir noch eine letzte Bemerkung gestatten darf: Ich finde, daß die ‚Wahrheit‘ hier nicht so gut paßt, – es hört sich im Kontext dieses Gedichtes, das als ein Kinderlied gedacht war (unserer jüngeren

[8] Merkwürdigerweise ist im EG – anders als im Liedboek – Jes 42,2 nicht als biblische Referenzstelle angegeben. Zur theologischen Diskussion über den Weg der Kirche in der DDR in den 70-er Jahren vgl. den Synodalvortrag des Magdeburger Bischofs Werner Krusche „Die Gemeinde Jesu Christi auf dem Weg in die Diaspora“ (1973), in ders., Verheißung und Verantwortung. Orientierungen auf dem Weg der Kirche, Berlin 1990, 94–113.

[9] 1977 erschien in Ost-Berlin auch das von Jürgen Henkys redigierte Glaubensbuch für Erwachsene „Aufschlüsse“, in dem Henkys das 1. Kapitel „Leben lernen“ (9–41) und das letzte Kapitel „Anders werden – Gottes Wort und unsere Antwort“ (374–446) mitverantwortete.

[10] Dietrich Bonhoeffer, Nachfolge, München 1937, DBW 4, hg. von Martin Kuske und Ilse Tödt, München 1989.

[11] Ad den Besten beginnt die 3. Strophe *Christus die door de wereld gaat* (Christus, der durch die Welt geht).

Tochter gewidmet) zu ‚akademisch' an."[12] Doch Henkys ist dabei geblieben. Er wollte kein ausschließliches Kinderlied schreiben.[13] Und die Frage nach der Wahrheit schien ihm drängender als die Verlockungen des Reichtums. Auch über den engeren Entstehungskontext hinaus speist der Text die stets aktuelle Frage nach Veränderungsbereitschaft oder Verweigerung (*und blieben wir auch lieber stehn*) in unseren Kirchengesang ein. Alles in allem wird hier eine Ganzheitlichkeit des Christentums annonciert, die Jung und Alt, Glauben und Erkennen, Glauben und Leben, Leib und Seele, Innen und Außen integriert.

Jürgen Henkys hat bei der Nachdichtung trotz des von Ad den Besten gelobten „durchgehaltenen volkstümlichen Tones" viele kleine poetische Kunststücke angewandt. Man beachte die Alliterationen: *der durch die* (2,1); *(vom) Zoll zur (Seite)* (2,2); *wohnen wollte* (2,3); *dass der* (2,4); *spricht das Herz an heute* (3,3–4). Oder die Assonanzen: *Herz zu fassen / die Netze zu verlassen* (1,3–4); *Jesus, der zu* (1,1); *Jesus, der durch* (2,1); *Fischern lief (1,1); Straßen kam (2,1); wohnen wollte* (2,3). Oder den Binnenreim in den Strophen 1 und 2: *ruft mich und dich, zwei oder drei* und vor allem den Umkehrreim am Schluss jeder Strophe: *geben–leben, Leben–geben, geben–Leben*. Demgegenüber hat der niederländische „Urtext" stets den gleichen Reim *geven-leven*.

Die schlichte Melodie im reinen d-Moll mit einfachem Oktavumfang (*d'* bis *d"*) folgt dem paarigen Aufbau des Textes mit dem Reimschema a-a, b-b, c-c, d-d.[14] Die 2., 4. und 6. Zeile wiederholen die voranstehende mit jeweils nur geringfügigen Abweichungen, wobei sich diese Abweichungen stets auf den Beginn der Zeile und die spezifische Art des Auftaktes beziehen. Nur die letzten Verszeilen 7 und 8 weichen von diesem Schema ab, indem die letzte Zeile die vorletzte nicht wiederholt, sondern mit ihrer Länge (3 Takte) und mit einer doppelten Synkope überrascht, die im niederländischen „Urtext" mit *en trouw* (*und treu*), *de rijkdom* (den Reichtum) und *alles* zentrale Wörter betont. Auch mit seinem melodischen Auf und Ab weicht das letzte Verspaar vom bisherigen Formschema ab. Frits Mehrtens hat durch den volltaktigen Beginn der Melodie mit einer Viertelnote, durch den er dem Jesusnamen Gewicht verlieh, den jambischen Vers in der ersten Zeile gleichsam aufgehoben. Der so entstandene metrische „Rückstand" wird durch zwei Achtelnoten wieder aufgeholt und die Gefahr einer rhythmischen Monotonie gebannt.

Das Lied war vom niederländischen Dichter Ad den Besten als „Spiellied" konzipiert worden, welches die Kinder im Gehen singen und dabei aufeinander zeigen sollten. Der

[12] Brief vom 19.10.1975, s. Henkys-Nachlass, EZA 811/56.

[13] Am 30.12.1975 schreibt Henkys an Dieter Reiher, den Schriftleiter der Zeitschrift „Die Christenlehre": „Im letzten halben Jahr habe ich mich ziemlich viel mit neuen niederländischen und schwedischen Kirchenliedern befaßt. Anlaß dazu waren das niederländische ‚Liedboek voor de kerken' (1973) und der umfangreiche Entwurf eines Zusatzbandes zum schwedischen Gesangbuch (1975), die mir durch den Hymnologenkongreß in Groningen vermittelt wurden. Im neuen niederländischen Gesangbuch gibt es eine über hundert Nummern starke Rubrik ‚Bibellieder'. Sie stammen zum größten Teil aus der Gegenwart. Darunter sind eine nicht geringe Zahl biblischer Balladen und Kehrreimlieder, geschaffen für Kinder und Erwachsene [Unterstreichung J. H.]. Ein paar habe ich schon übertragen, an andere will ich noch herangehen" (EZA 811, Nr. 23, Korrespondenz 1974–1977).

[14] Vgl. Frits Mehrtens, Een Comp 230.

Komponist hat diese Idee mit einem schreitenden Rhythmus umgesetzt. Das entspricht auch dem Text. Jesus läuft, Jesus kommt, Jesus geht (Frits Mehrtens: „dat gaande karakter"). Damit aus dem Schreiten kein Stampfen wird, sollte die Weise zügig gesungen werden. Aufgrund seiner elementaren Wiederholungsstruktur lässt sich das Lied auch gut mit zwei Gruppen, die einander zusingen, aufführen.

BERNHARD SCHMIDT

353 Jesus nimmt die Sünder an

EG 353 (RG 660) EM 268

Text

Verfasser Erdmann Neumeister **Vorlage** Lk 15,2 **Quelle** *Evangelischer Nachklang, das ist, neue geistreiche Gesänge über die ordentlichen Sonn- und Festtags-Evangelia aufs gantze Jahr. Erster Theil* (Erdmann Neumeister), Hamburg 1718 **Überschrift** *Am III. Sonntage nach Trinitatis. Melodey: Meinen Jesum laß ich nicht.* **Liturgische Einordnung** s. Überschrift **Strophenbau** 7/4a 8/4b-, 7/4a 8/4b-, 7/4c 7/4c vgl. Frank 6.23 **Abweichungen** RG: 2,3 *sein Erbarmen uns erklärt*; 4,4 *Gotteskinder*; 4,5 *Glaubt es doch und denkt daran*; 6,3 *müssten* sie; Strophenfolge: 1, 3 ,4, 2, 5, 6, 8; ohne Str. 7 * EM: 1,2 *Sagt doch dieses*; ohne Str. 2 und 6–7 **Verbindung TM** in der Q ohne N, aber mit Tonangabe; zur damit gemeinten Melodie s. die Angaben zu EG 402 in Heft 22 * RG (und EM, Alternativmelodie): *Jesus meine Zuversicht* (EG 526, spätere Form; nach Crüger 1653; auch verwendet zu *Jesus lebt, mit ihm auch ich*, EG 115)

Melodie

s. *Meinen Jesum lass ich nicht* (EG 402)

Literatur

HEKG (Nr. 268) I/2, 414; III/2, 233–235; Sb, 419–421; HEG II, 227 f ** ThustB 310 f/Nf, 288 f; ThustL II, 166–168 ** KLL (1878–1886) I, 396 f; EEKM (1888–1895) II, 176 f; Nelle (^{3}1924/1962) Nr. 252; Bruppacher (1953) 328 ** Langendorf, Grete: Liedgut als Anschlussstoff in der Evangelischen Unterweisung – Die Berufung des Matthäus (Mt 9) und Lied 147 „Jesus nimmt die Sünder an", Evangelische Unterweisung. Zeitschrift für Erziehung und Unterricht 6 (**1951**) 97 * Sauer-Geppert **1984**, 27 f * Axmacher, Elke: Erdmann Neumeister – ein Kantatendichter J. S. Bachs, MuK 60 (1990) 294–302 * Schneider/Vicktor **1993**, 120–122 * Kadelbach, Ada: „Jesu, meine Freude, Purpur, Gold und Seide". Zitat und Parodie in Erdmann Neumeisters „Lieder=Andachten" 1743, in: Henrike Rucker (Hg.), Erdmann Neumeister (1671–1756). Wegbereiter der evangelischen Kirchenkantate, Rudolstadt/Jena **2000**, 147–170, bes. 152 f; erneut in: Dies.: Paul Gerhardt im Blauen Engel und andere Beiträge zur interdisziplinären Kirchenlied- und Gesangbuchforschung, Tübingen 2017, 333–353, bes. 340 f

Dieser nimmt die Sünder an und isst mit ihnen, mäkeln im Evangelium zum 3. Sonntag nach Trinitatis die Pharisäer und Schriftgelehrten an Jesus herum (Lk 15,1–10, hier V. 2). Jesus kontert mit den Gleichnissen vom verlorenen Schaf und vom verlorenen Groschen. Der Dichter Erdmann Neumeister nun dreht den Kritikern Jesu das Wort im Mund herum, indem er es zum positiven Refrain eines Liedes zu diesem Evangelium macht. Statt des verächtlich gemeinten „dieser" setzt er dezidiert den JESUS-Namen vornean, im Original stets in Großbuchstaben. Dieser Name ist bereits Inbegriff für das

Heil. „Gott hilft" ist im Hebräischen seine Bedeutung. Die Namensgebung Jesu wird in Matthäus 1,21 begründet mit: *Denn er wird sein Volk selig machen von ihren Sünden.* In Apostelgeschichte 4,12 heißt es dann: *Und ist in keinem andern Heil / ist auch kein ander Name den Menschen gegeben / darinnen wir sollen selig werden* (Luther-Bibel 1545). Die JESUS-Theologie spielte im Barock eine große Rolle, an Neujahr als Fest der Namensgebung Jesu hatte sie einen speziellen liturgischen Ort. Es gab aber auch schwärmerische Jesus-Kult-Auswüchse, wenn es in Liedern vor allem darum ging, den Namen Jesus möglichst oft auszusprechen (Ahasverus Fritsch, 121 neue himmelsüsse Jesuslieder, darinnen der hochteure süße Kraftname Jesu über 700mal zu finden, 1668).

Neumeister (1671–1756) ist bekanntlich schwärmerischer Umtriebe völlig unverdächtig. Zeitlebens polemisierte er literarisch gegen Pietisten wie Reformierte bzw. die zeitgenössischen Unionsbestrebungen. Mit dem Kehrvers *Jesus nimmt die Sünder an* wählt er bei diesem Lied eine Form, die sonst eher bei pietistischen Liederdichtern verbreitet ist. Als Vorbild wird aber das bereits 60 Jahre zuvor publizierte *Meinen Jesum lass ich nicht* (s. EG 402) von Christian Keimann gedient haben, von dem Neumeister nicht nur die Kehrvers-Struktur übernimmt (inklusive Doppelverwendung des Mottos in beiden Rahmenstrophen), sondern auch exakt die Strophenform samt Melodiezuweisung. Inhaltliche Pointe ist wie dort das selige Sterben. *Selig* ist in beiden Liedern das Schlüsselwort der letzten Liedaussage, den o.g. Bibelworten analog.

Das Lied hat Neumeister publiziert in seiner Sammlung „geistreicher Lieder" (verbreitete Lied-Kennzeichnung namentlich in pietistischem Sprachgebrauch!) zu allen Evangelientexten im Kirchenjahr. Schon 1705 hat er in der Vorrede zu einer Edition von Kantatenlibretti in der von ihm neu entwickelten Form mit Arien und Rezitativen angegeben, das Dichten von „Oden", „Oratorien" oder „Cantaten" sei für ihn Sonntagsvergnügen zur Entspannung nach der „Amts-Arbeit", um „mit solcher angenehmen Sinnesbemühung den durch Predigen ermüdeten Leib wieder zu erquicken" (Axmacher 297). Die Publikation von 1718 enthält ausschließlich Lied-Dichtungen, und zwar in für diese Zeit bemerkenswert konzentrierten Formen, oft weniger Strophen als hier. Es sind sozusagen „Summaries" zu den Predigten in geradezu katechetischer Prägnanz, sprachlich ungekünstelt, teilweise fast schon plakativ. Nicht nur die Predigthörer können sich so leicht merken, worum es im Evangelium geht, auch der Prediger selber hat etwas davon, indem er die in der Predigt von ihm geforderte Komplexität herunterbricht („zu meiner Privatandacht" Neumeister 1705) auf die Essentials zum Leben und Sterben.

Die acht Liedstrophen sind hälftig aufgeteilt. Die Strophen 1 bis 4 entfalten den Zuspruch von Jesu Gnadenhandeln in stark appellativem Duktus mit vielen Imperativen (im Plural), die Strophen 5 bis 8 bezeugen in Ich-Rede die Annahme der Sündenvergebung im Glauben. Die Liedstruktur repräsentiert so die reformatorische Ur-Relation von Wort und Glaube.

Nach der initialen Ausrufung des Mottos ist gleich in Zeile 2 *Trost=Wort* die zentrale Deutekategorie. Dies rekurriert auf Matthäus 9,2, wo Jesus dem Gichtbrüchigen zuspricht: *Sei getrost, mein Sohn. Deine Sünden sind dir vergeben.* Vergebung ist der Inbegriff von „Trost" und ereignet sich als Wortgeschehen. Dass Neumeister betont, dieses Trostwort *allen* sagen zu sollen als Ruf zur Umkehr, verbindet ihn durchaus mit den Pietisten. *Allen* gilt das Trostwort, weil Jesus im „Heilandsruf" Matthäus 11,28, der in

Str. 4 wörtlich anklingt, selber sagt: *Kommet her zu mir alle …* Die letzten beiden Zeilen der ersten Strophe betonen implizit Luthers „solo verbo“, *hier* im Sinne von „nur hier“, allein im Trostwort, liegt das Heil.

Inhaltlich konsequent artikuliert Str. 2 das „sola gratia“ in der Polarität von *keiner Gnade wert* (vgl. Röm 3,23) und *völlig* offener *Gnadenpforte*. Die Negativfolie ist als Schuldbekenntnis in Wir-Rede formuliert analog zur Ich-Rede ab Str. 5, die Aussagen über das Heil erklingen aber stets als Zuspruch: *Sehet nur …* (vgl. das emphatische *Siehe* 2. Korinther 6,2 zur *Zeit der Gnade*). Die *Gnaden=Pforte* ist nach Matthäus 7,14 eigentlich eng; in mittelalterlichen Domen (z. B. Bamberg) ist das ein spezielles Portal, durch welches die Gläubigen nur nach Vollzug einer bestimmten Bußhandlung schreiten können. Neumeisters *völlig aufgetan* ist starkes Gegenbild dazu und wohl antipietistisch gemeint, denn dort wird gerne zur Bekehrung genötigt mit dem Argument, die Gnadenpforte sei (gerade) noch offen. *Völlig aufgetan*, *hier* im *Trostwort* – da lauert keine Hintertür, die zugeschlagen werden könnte. Die absolute Gewissheit darüber begründet der Dichter mit Verweis auf die solenne Erklärung Gottes Hesekiel 33,11 in der Sprachform des Eides: *So wahr ich lebe, spricht der Herr. Ich habe keinen Gefallen am Tod des Gottlosen …* (vgl. die Rede vom Schwur Gottes Jes 62,8). Luthers Übersetzung von JHWH mit HERR ermöglicht, dies als Wort Jesu zu lesen.

Die dritte Strophe greift nun konkret das Gleichnis des Sonntags-Evangeliums vom verlorenen Schaf auf. Dieses führt allerdings den Terminus *Hirte* nicht, sondern spricht allgemein von „Mensch“ (Lk 15,3). Der Dichter trägt mit *treuer Hirte* (vgl. das frühreformatorische Lied zu Ps 23 *Der Herr ist mein getreuer Hirt* EG 274) die ganze Emphase des Topos Christus = der gute/treue Hirte ein. Mit *suchet treulich* wird das nochmals unterstrichen. Die Alliteration von *Trost* und *treu* ist eine sprachlich unterstützende Komponente, im Hintergrund steht aber auch das hebräische häsäd we ämät (*Gnade und Treue* Ps 98,3), was Luther bei der Transformation ins Griechische in Johannes 1,14 mit *Gnade und Wahrheit* übersetzt hat.

Im Anklang an den für alle Christus-Frömmigkeit essentiellen „Heilandsruf“ kulminiert in Str. 4 der erste Liedteil zum *Trost=Wort*. Als dreimaliger *Kommet*-Appell (statt einmal Mt 11,28) ist er geradezu plakativ inszeniert. Die Adressaten sind demgegenüber im ü-Sprachklang als *betrübte Sünder* stilisiert, eine in der Erbauungsliteratur seit dem 16. Jh. gebräuchliche Wendung. Subtil ist die Wortklang-Veränderung von *Sünder* zu (Gottes) *Kinder*, die doppelt, als (sprachlich unreiner) Binnenreim (Z. 4) wie Endreim (Z. 2/4) gesetzt, die entscheidende Mutation bei den Gläubigen in Sprache fasst. Gottes *Kinder* sind nach Johannes 1,12 diejenigen, die an seinen Namen, also JESUS, glauben. So schließt stimmig der finale Appell an: *Glaubet's doch und denket dran* rekurriert auf Psalm 98,3, wo Gott seiner Gnade und Treue *gedenkt*. Im Glauben – „sola fide“ – nimmt das Gedenken der Menschen Anteil an Gottes eigener „Anamnese“, die Heilswirklichkeit schafft als erinnernde Vergegenwärtigung des Heils. Das als Finalis der 3. Zeile poetisch ungeschickte *und er* hat seinen spezifischen Sinn als Betonung des „solus Christus“: *Er*, nur *er*, *macht aus Sündern Gottes Kinder.*

Indem Str. 5 mit *Ich Betrübter* beginnt, übernimmt sie nicht nur die Kennzeichnung der Menschen als *betrübte Sünder* von Str. 4 als Selbstidentifikation, sondern imitiert lateinische Bußgebete, die mit „(O) me miserum“ beginnen und auch im evangelischen

Raum weiter vertont werden (u. a. Telemann: „Me miserum miseriarum conflictu“ TWV 1:1135). Ohne Schuldbekenntnis in Ich-Rede gibt es keine Vergebung. Gerade Jesu Heilandsruf an die *Mühseligen und Beladenen* mit der Verheißung von „Erquickung“ eröffnet diese Selbstidentifikation als Schuldbeladener. Dem Appell *kommet her* (Str. 4) korrespondiert wieder sprachlich subtil (*ich*) *komme hier*. Die Anrede *mein Heiland* ist Sprache des Glaubens, der von Jesus das Heil erwartet, aber im Bittgestus die unverfügbare Souveränität Jesu wahrt. (Vgl. die Ausführungen zu *meinen Jesum* bei EG 402.)

Ab dieser Strophe reimt sich im Trostwort der Schluss *an* stets auf *kann* in der Zeile zuvor. *Kann* ist hier nicht Eventualis, sondern steht im Sinne von vermag. Das (Trost-) *Wort* vermag wahrhaftig zu *trösten*, im Glauben kann ich es nachsprechen (Str. 6), die Kräfte des Unheils können demgegenüber nichts mehr ausrichten (Str. 7) und ich kann wirklich *selig sterben* (Str. 8). Von Strophe zu Strophe wird so noch deutlicher, dass für Glaubende gilt: „Yes we can“, bzw. für jeden einzelnen: „Yes I can“.

Das Trostwort führt zu *getrostem Mut* beim Sünder (Str. 6), da er sich auf Jesu Erlösungswerk am Kreuz verlässt. Die *Blut/schneeweiß*-Metapher in fast wörtlicher Aufnahme von Jesaja 1,18 ist Topos auch in reformatorischen Gnadenbildern (z. B. Lukas Cranach).

Strophe 7 wischt alle potentielle Anfechtung im Horizont des Endgerichts beiseite, wo das Gesetz (vgl. Mose Joh 5,45) als Ankläger auftritt. Mit Römer 8,1 f hat sich das erledigt (vgl. Bachs Motette *Jesu, meine Freude*).

In Strophe 8 folgt auf das nun wieder initiale Trostwort direkt die explizite Aneignung durch den Glaubenden. *Mich hat er auch angenommen* ist Perfekt im Wortsinn: Das Heil für mich ist perfectum. *Himmel aufgetan* korrespondiert mit der *aufgetanen Gnadenpforte* in Str. 2. Das finale *auf den Trost sterben* rekurriert abermals auf *Trostwort* von Str. 1 und evoziert zudem die Simeon-Topik. Der greise Simeon kann ja zunächst nicht sterben, da er auf *den Trost Israels* wartet (Lk 2,25, Luther-Bibel 1545). Als er dann das Jesuskind als den Heiland identifiziert hat, stimmt er sein Sterbelied an (Nunc dimittis Lk 2,29–32). Nun gilt für alle Gläubigen: Sie *können selig sterben*, indem sie de facto *zu Jesus kommen*, wie es sein Heilandsruf als Perspektive eröffnet hat.

Das Lied ist subtil gestaltet hinsichtlich der sprachlichen Querbeziehungen. Aber auch die Gesamtform hat offensichtlich einen symbolischen „Hintersinn“. Jede Strophe enthält 44 Silben. Insgesamt sind es so 352 Silben. Das ist mit 2×176 die Verdoppelung (und damit inhaltlich die Erfüllung) des längsten Psalms der Bibel, Psalm 119 mit 176 Versen. Der Schlussvers dieses Psalms aber beginnt: *Ich bin wie ein verirret und verloren Schaf*! – Dass der Name JESUS mit zehn Zitaten des Trostworts und je einer weiteren Nennung in Str. 3 und 4 zwölfmal erscheint, wird auch kein Zufall sein. Die Gemeinschaft der zwölf Jünger Jesu ist Urbild der Heilsgemeinschaft, die das *Hier* der Gnade erfährt.

Neumeisters Melodieverweis auf *Meinen Jesum lass ich nicht* meinte sicher nicht die jetzt bei EG 402 damit verbundene und demgemäß auch hier gewählte. (Vgl. die Ausführungen zur Melodie dort.) Von den zahlreichen belegbaren Varianten wird diejenige am meisten verbreitet gewesen sein, die dann auch Bach benutzte. Der Schlusschoral der Kantate *Wachet betet* BWV 70 ist zeitnah zu Neumeisters Dichtung 1716 terminiert. Anders als in der späteren Leipziger Choralkantate zum Lied BWV 124 (1725) beginnt hier die vorletzte Zeile emphatisch auf dem oberen Grundton. Das korreliert gut mit dem dezidierten *Hier ist* in Str. 1. Diese Melodie steht jedenfalls nicht in der Barform mit Wiederholung der ersten beiden Zeilen, sondern komponiert in sechs Melodiezeilen durch, was etwa in Str. 1 syntaktisch besser zum zweiten Satz über die Zeilen 2 bis 4 passt. Entscheidend ist, dass diese Melodie volltaktig einsetzt und auch die Schlusszeile volltaktig beginnt. Das ist für das dezidierte *JESUS nimmt die Sünder an* eigentlich unerlässlich.

Die jetzige Melodie führt *Jesus* im Liedmotto stets als doppelten Auftakt zum folgenden Spitzenton *nimmt* auf der Takt-Eins, bei der Schlusszeile sogar zur emphatischen sechsten Stufe. So verliert der *Jesus*-Name ungebührlich an Gewicht. Immerhin ist hier *Trost=Wort* (Str. 1) und *Gnaden=Pforte* (Str. 2) mit der affektstarken sechsten Dur-Tonstufe verknüpft.

Konrad Klek

360 Die ganze Welt hast du uns überlassen

Text

Verfasser Christa Weiß **Entstehung** gedichtet für den 12. Evangelischen Kirchentag in Köln 1965 **Vorlagen** Gal 5,1 **Quelle** *ÜBERDENK ICH DIE ZEIT. NEUE GEISTLICHE LIEDER.* [Umschlagtitel:] *Neue Geistliche Lieder vom Evangelischen Kirchentag 1965*, Regensburg **Überschrift** *1. Die ganze Welt hast du uns überlassen* **Strophenbau** A11/5$\times_1$- A10/5$\times_2$ A11/5$\times_3$- A10/5$\times_4$ R:10/5$\times_5$- 6/3$\times_6$- **Verbindung TM** wie EG

1. Melodie

Incipit -5 -6_.-51_.-7 -6-5-4#-5-6_-6 **Verfasser** Manfred Schlenker **Quelle** *Neue Lieder. Beiheft zum Evangelischen Kirchengesangbuch*, Berlin 1978 **Ambitus** G: 10b; Z: 5b555b444 **Abweichung** letzte Note: punktierte Ganze mit Viertelpause **Verbindung MT** wie EG

2. Melodie

Incipit -5_ 1_.3b5_.43b_.14_.31__.3b_ **Verfasser** Hans Rudolf Siemoneit **Quelle** s. o. Text/Quelle **Ambitus** G: 11; Z: 8888b8 **Abweichungen** Ton höher; mit Improvisationsbeispiel vom Komponisten; Z. 1 und 2 und 3, je N 10–12 punktierte Viertel (Z. 2 Halbe) *d'* (Z. 3 *g'*) mit EG-Fassung als Alternativ-Vorschlag (Verzierung); Z. 1 und 3, je N 13 mit Akzent **Verbindung MT** wie EG

Literatur

HEG II, 275f.300f.340f mit Ergänzungen von Wolfgang Herbst in JLH 38 (1999) 262 und JLH 51 (2012) 251 ** ThustB, 314/Nf, 291f; ThustL II,178–180 ** NSKA (1971–1978) 18, Nr. 91 ** Meyer ([2]1997) 317 ** Werner-Weiss, Christa / Schlenker, Manfred / Siemoneit, Hans Rudolf: „Die ganze Welt hast du uns überlassen", WEG II (**1994**) 25–31 * Schlenker, Manfred: Die ganze Welt hast du uns überlassen, in: Möller **1997**, 192f (= Meyer [2]**1997**, 239–241) * Schulz, Walter: Manfred Schlenker – 70 Jahre alt – Kirchenmusiker – Pädagoge – Komponist, NSK **1997**/2, 14–16, bes. 15 * Leube, Bernhard: Die ganze Welt hast du uns überlassen, Für Arbeit und Besinnung 51 (**1998**) 547–550 * Henkys, Jürgen: Nach Schweden und zurück. Die Verwandlung, Verdoppelung, Verflüchtigung eines Liedes von der christlichen Freiheit, in: Henkys **1999, 140–146** * Trautwein, Dieter: Ausländische Autoren, denen ich begegnet bin, WEG VI (**2000**) 55–68, bes. 66f * Lodewigs, Siegfried: Die ganze Welt hast du uns überlassen, in: Hartmut Handt / Armin Jetter (Hg.): Voller Freude. Liedandachten zu den Sonntagen und Festen des Kirchenjahres und zu besonderen Anlässen, München **2004**, 178–180 * Basse, Michael / Jähnichen, Traugott / Schroeter-Wittke, Harald (Hg.): Protestantische Profile im Ruhrgebiet, Fünfhundert Lebensbilder aus fünf Jahrhunderten, Kamen **2009**, 625f * Seibt, Ilsabe / Evang, Martin: Monatslieder. Liturgische Anregungen für das Kirchenjahr 2010/2011, Thema: Gottesdienst 32 (**2010**) 18–20

Christa Weiß schuf ihr Lied aus Anlass des 12. Deutschen Evangelischen Kirchentags in Köln 1965, der unter dem Leitwort „In der Freiheit bestehen“ stand. Diese Kirchentagslosung war in Anlehnung an Galater 5,1 entstanden: *Zur Freiheit hat uns Christus befreit! So steht nun fest und lasst euch nicht wieder das Joch der Knechtschaft auflegen!* Das damit gesetzte Thema prägt das Lied.

Eine Besonderheit des Liedes *Die ganze Welt hast du uns überlassen* ist seine Rezeptionsgeschichte. Der deutsche Ausgangstext wurde von Anders Frostenson 1968 ins Schwedische übertragen und erfuhr hierbei erhebliche Veränderungen. Das Lied wurde mit einer neuen Melodie von Åke Lundberg versehen. Die erste Strophe beginnt so: *Guds kärlek är som stranden och som gräset*; auf Deutsch: *Gottes Liebe ist wie der Strand und wie das Gras.* Diese Gestalt des Liedes fand schon 1970 in einer Übersetzung von Ernst Hansen den Weg zurück in den deutschen Sprachraum: *Herr, deine Liebe ist wie Gras und Ufer.* Weitere deutsche Bearbeitungen von Markus Jenny, Klemens Ullmann und Raymund Weber folgten. Die Rezeption des Ausgangstextes hatte sich von der ersten Bearbeitung durch Frostenson an von *Die ganze Welt hast du uns überlassen* abgekoppelt. Den entscheidenden Anstoß hatte Frostenson gegeben, indem er die Freiheitsthematik mit anschaulichen Naturbildern verband, die sich emotional unmittelbar erschließen. Die Melodie von Lundberg trug das Ihre dazu bei. Auf weitere Einzelheiten kann hier verzichtet werden, denn sie wurden von Jürgen Henkys ausführlich dargelegt.

Christa Werner-Weiß hat ihr Lied selbst im Rückblick kurz kommentiert. Darin blickt sie im Jahr 1994 durchaus auch kritisch auf ihren Text von 1965 zurück. Zunächst benennt sie aber die gesellschaftlichen Herausforderungen der Zeit, die damals intensiv diskutiert wurden. „Es war für wache und engagierte Zeitgenossen eine Phase unerhörter Provokationen. … ‚In der Freiheit bestehen‘ – welche Freiheit war hier gemeint?“ (WEG II, 25)

In sechs Strophen wird das Thema durchgespielt: die Freiheit als Gabe Gottes, die so einschränkungslos ist, dass der Geber auch den Missbrauch der Gabe zulässt; die Folgen des Missbrauchs und die abschließende Bitte an Gott um freie Wege zu ihm. Die Strophen werden mit einem bekenntnishaften Refrain abgeschlossen: *Gott schenkt Freiheit, seine größte Gabe gibt er seinen Kindern.* Im Refrain ändert sich damit der Sprachgestus; die Strophen selbst sind durchgängig als Wir-Rede der Gemeinde zu Gott gestaltet.

Das *Wir* des Liedes scheint jedoch größer zu sein als die versammelte Gemeinde. Oder besser gesagt: Die Gemeinde hat Anteil am Missbrauch der Freiheit, sie kann sich nicht aus der Verantwortung stehlen. Sie ist in diesem Lied nicht die Anwältin der Freiheit im Gegenüber zur Welt, sondern ununterscheidbar am Missbrauch der Freiheit beteiligt. *Seine Kinder* – das sind in aller Konsequenz alle Menschen, denn alle sind Geschöpfe Gottes.

Das Lied bringt schon in den ersten beiden Zeilen den Konflikt auf den Punkt: Gottes Tat, der uns die Welt in *Großmut* überlässt, und unsere Unfähigkeit, dies wahrzunehmen, anzuerkennen und zu würdigen – kurz: zu *begreifen.* Damit ist eine Ausgangslage beschrieben, die sich in fünf Strophen immer weiter zuspitzt. Christa Weiß schreibt dazu: „Das Bild vom ‚unermesslich weiten Raum‘ steht für ‚Freiheit‘. Wir haben diesen Raum in Besitz genommen, wir durchmessen ihn, wir loten ihn aus, erfahren seine Möglichkeiten und seine Grenzen. Wir haben die Freiheit, aufzubrechen, wohin wir wollen.

Modern ausgedrückt: Wir üben Kontrolle über unseren Lebensraum in autonomer Weise. Und es wächst in uns das Bewusstsein, nach eigenem Willen handeln zu können; und es wächst der Wille, mächtig zu sein.“

Du gibst uns frei (Str. 1) – *Und wir sind frei* (Str. 2): Wir haben die Freiheit, zwischen dem Weg des Glaubens (*zu hoffen und zu glauben*) und dem Weg von *Trotz und Widerstand* gegen Gott zu wählen. Hier sind nebeneinander, ja miteinander bestehende Möglichkeiten der Lebensgestaltung beschrieben. Und wir Menschen realisieren beides – theologisch gewendet als gerechtfertigte Sünder (simul justus et peccator). Gottes *unendliche Geduld* lässt alles zu – das ist *sein Name*, also im Kern sein Wesen (vgl. Ps 25,10 f; 103,10; Jer 31,34; Sir 18,9).

Die Spannungen und Ambivalenzen sind tief in der menschlichen Existenz verankert: *Wir wollen leben* – mit diesem kreatürlich gesetzten Wollen ist uns die Selbstbehauptung mitgegeben. Der Mensch soll sich die Erde untertan machen, diesen Auftrag (1. Mose 1,28) nimmt er gern an: *Nach unserm Willen soll die Welt sich ordnen.* Weiß ruft in ihrem Lied die uralten Mythen auf, die den Zustand der Menschheit in dieser Welt u. a. auf den falschen Gebrauch der von Gott gegebenen Freiheit zurückführen. Diese Mechanismen sieht sie auch in der Gegenwart wirken: *Wir bauen selbstgerecht den Turm der Zeit* (1. Mose 11,1–9).

Konkret gegenwartsbezogen beginnt Str. 4 – der Bau der Berliner Mauer lag gerade vier Jahre zurück. Im Zentrum der Strophe steht die Einsicht: *Wir sind nur Menschen, die sich fürchten können.* Die Furcht ist so bestimmend, dass sie uns dazu treibt, uns zu verschanzen. Dass wir der Furcht so viel Macht über uns einräumen, hat Folgen: *wir brachten selbst uns in Gefangenschaft.* Der Kontrast zur von Gott geschenkten Freiheit wird hier besonders augenfällig. Deutlich wird auch, dass die individuelle Dimension der Freiheit mit der politisch-gesellschaftlichen verwoben ist. In der Entstehungszeit des Liedes griff der Kalte Krieg mit seiner Logik der Abschreckung direkt in das Lebensgefühl vieler Menschen ein.

Mit der fünften Strophe erreicht das Lied seinen Höhepunkt. Alles, was bisher über das Verfehlen der Freiheit und die daraus resultierenden Folgen gesagt wurde, fasst der eine Satz zusammen: *Auf unsern Schultern lastet schwere Schuld.* Es ist nicht nur individuelle Verfehlung, sondern vor allem das für jeden Menschen unausweichliche Verwobensein in einen schicksalhaften Zusammenhang von Verfehlung und Schuld. Wir wären verloren, wenn wir den Folgen menschlicher Taten ausgeliefert wären. Aber Gott liefert uns diesem „Gericht“ nicht aus. Das Geschenk seiner Freiheit eröffnet die Möglichkeit des Neubeginns heute und in Zukunft: *von gestern und von morgen sprich uns los.*

Die letzte Strophe beschreibt den Weg des Glaubens, ohne dies explizit so zu benennen. Nur Gott kann diesen Weg öffnen, der über das *gute Wort* Gottes führt, und hat ihn durch Jesus Christus, „das eine Wort Gottes“ (Barmer Theologische Erklärung I), eröffnet. Die Autorin bemerkt zur sechsten Strophe, dass im Rückblick der christologische Aspekt fehlt bzw. nur implizit begegnet: „Es sollte deutlich werden, dass Gott uns in seinem Sohn Jesus Christus wiederbegegnet und uns damit Gottes Freiheit erneut zugesprochen wird.“ Die Trias Glaube – Hoffnung – Liebe (1. Kor 13,13) wird nur angedeutet durch die Verben *lieben* und *hoffen.* Sie machen deutlich, dass der rechte Gebrauch der Freiheit sein Kriterium an der Liebe zu Gott und den Mitmenschen hat und dass ihr Merkmal die Hoffnung ist, die auf Selbstbehauptung und -durchsetzung verzichtet.

Das Lied von Christa Weiß hat seine Stärke darin, dass es wie kein anderes im EG das genuin reformatorische Thema der menschlichen Freiheit als Thema von Ermächtigung und Gefährdung, von Schuld und Vergebung und implizit von Rechtfertigung und Heiligung durcharbeitet. Die Ambivalenz der Freiheit begegnet im EG nur hier. Doch bleiben auch Fragen. Lassen sich die Gaben Gottes an seine Kinder priorisieren, und ist die Freiheit wirklich die größte Gabe? Das bleibt eine Behauptung des Liedes, die aus seiner Entstehungszeit heraus theologisch vor allem auf Gott als den „in Freiheit Liebenden“ (Karl Barth) verweist und zeitgeschichtlich im Horizont der emanzipatorischen Bewegungen der 1960er Jahre plausibel ist. „Freiheit“ bleibt ein großes Thema: Einerseits muss sie begrenzt werden, damit andere zu ihrem Recht kommen, individuell, politisch, wirtschaftlich, gesellschaftlich. Andererseits muss sie erkämpft und verteidigt werden, weil die Freiheit der Schwächeren immer in Gefahr ist.

Ilsabe Alpermann

Die erste Melodie ist später entstanden als die zweite Melodie aus dem Jahr 1965, die offensichtlich als zu schwierig oder ungewohnt empfunden wurde. Zwölf Jahre später stand dann eine Alternative zur Verfügung, die im EG als 1. Melodie veröffentlicht wurde.

Erste Melodie: Der Komponist Manfred Schlenker berichtet selbst über die Entstehung der Melodie[1]. Dabei war der Wortreichtum des Prosa-Textes für die Vertonung ein Problem. Das Anfangsmotiv der Melodie stellt einen Quart-Auftakt dar, der mit der Nebennote umspielt wird. Die aufsteigende Quarte wiederholt sich in der zweiten Melodiezeile einen Ton höher. Sie geht dann über *f'- g'- a'- b'* aufwärts bis zum c'' und bei dem Wort *Freiheit* zum *d''*. Mit dem Refrain *Gott schenkt Freiheit* erreicht die Melodie den Höhepunkt. Dieser Kehrvers lässt sich mühelos als zwei- oder dreistimmiger Kanon singen, „wenn man die letzten beiden Noten auf Halbe verkürzt“ (Schlenker).[2]

Zweite Melodie: Die ältere Melodie stammt aus einem Preisausschreiben anlässlich des Deutschen Evangelischen Kirchentags 1965. Der Komponist Hans Rudolf Siemoneit (1927–2009), A-Kirchenmusiker und Landesjugendsingwart in Baden, hat sich besonders mit den Möglichkeiten des Gemeindesingens und der Arbeit mit Jugendlichen befasst. Sein Buch über „Mehrstimmiges Gemeindesingen“[3] und seine „Geistlichen Lieder für unsere Zeit“[4] haben weite Verbreitung gefunden. Er war einer der ersten, die den Jazz mit Gottesdienst und Kirchenlied verbunden haben, oft gegen erhebliche Widerstände. In unserem Lied nimmt er den Blues als Modell. Dessen sanft punktierte Rhythmik, die

[1] Meyer, 239.

[2] Möller, 193.

[3] Mehrstimmiges Gemeindesingen. Einfache improvisatorische Satzformen zu 60 Melodien des EKG, Berlin 1962.

[4] Hans Rudolf Siemoneit, Geistliche Lieder für unsere Zeit, Chorausgabe, Heft 1–4, Berlin 1975–1977.

sich – wie im Jazz – einer triolischen Wiedergabe annähert, korrespondiert grundsätzlich gut mit der Sprache.

In Takt 7 wird der Spitzenton der Dreiklänge von Takt 1, 3 und 5, der dreimal als reine Quinte aufgetreten war, zur verminderten Quinte *as'* erniedrigt (im Jazz als „blue note" bekannt). Der Komponist deutet dies ausdrücklich als Begegnung mit dem Ungewohnten und Fremdartigen, das er in der Ökumene[5] erkennt. Sie ist als *ganze Welt* im Text angedeutet. – Die Melodie verlangt nach einer Rhythmus gebenden Begleitung. Das Mennonitische GB (Nr. 388) bietet einen jazzigen Begleitsatz an.

Wolfgang Herbst

[5] WEG II, 28.

373 Jesu, hilf siegen, du Fürste des Lebens

Text

Verfasser Johann Heinrich Schröder **Entstehung** 1695 **Vorlagen** Pss 1, 93, 150 **Quelle** *Geistliche Lieder und Lobgesänge* (Andreas Luppius) o.O. [Halle oder Frankfurt/M] 1695 **Überschrift** *Thränende Seuffzer um die Hülffe JEsu* **Strophenbau** 11/$\underline{4}$a- 10/$\underline{4}$b 11/$\underline{4}$a- 10/$\underline{4}$b, 11/$\underline{4}$c- 11/$\underline{4}$c- vgl. Frank 6.37 **Abweichungen** nach 1: 2. *JEsu / hilff siegen! der du mich erkauffet*; 3. *JEsu / hilff siegen! wenn in mir die sünden*; 2,5 *So hilff daß* ich; nach 2: 5. *JEsu / hilff siegen! und lege gefangen*; 6. *JEsu / hilff siegen! damit auch mein wille*; 7. *JEsu / hilff siegen! in allerley fällen*; 8. *JEsu / hilff siegen! wer mag sonst bestehen*; 5,4 wenn *ich muß seyn ein verschüchtertes Reh*; nach 6: 13. *JEsu / hilff siegen! laß bald doch erschallen*; 14. *JEsu / hilff siegen! damit wir uns schicken* **Verbindung TM** in der Q ohne N, aber mit Angabe der Melodie *Grosser Prophete mein* (bezieht sich auf die Melodie Zahn II,3947) * eigene M: Z II,3953a-b (DKL $1698^{06}/1744^{08}$); Z II,3954–3959 (Eigenmelodien des 18. und 19. Jhds.) * weitere Verbindungen: Z II,3930 (DKL 1785^{06}); Z II,3949a (Molck 1838); Z II,3952 (Werner 1815)

Melodie

s. *Jesus ist kommen, Grund ewiger Freude* (EG 66)

Literatur

HEKG (Nr. 260) I/2, 403f; III/2, 218f; Sb, 96.408–410; HEG II, 282 ** ThustB, 333/Nf, 310; ThustL II, 216–218 ** Koch IV (^{3}1868/1973) 382; V, 580; KLL (1878–1886) I, 374; EEKM (1888–1895) I, 653; Nelle (^{3}1924/1962) Nr. 311; RößlerL (^{2}2001) 157.645 ** Hommel, Hildebrecht: Antikes Erbgut im evangelischen Kirchenlied, Theologia Viatorum 1 (**1948/49**) 122–136 (bes. 127) * Gerber, Hermann: Tränende Seufzer, Weg und Wahrheit 8 (**1953/54**) 100 * Röbbelen, Ingeborg: Theologie und Frömmigkeit im deutschen evangelisch-lutherischen Gesangbuch des 17. und frühen 18. Jahrhunderts, Göttingen **1957**, 221.261.273 * NelleG ^{4}**1962**, 196 * Wittenberg, Andreas: Militärgesangbuch und Militärseelsorge in Vergangenheit und Gegenwart, JLH 18 (**1973/74**) 97–162 (bes. 127) * Eltz-Hoffmann, Lieselotte von: Lob Gott getrost mit Singen – Die schönsten Kirchengesangbuchlieder und ihre Dichter, Stuttgart **1980**, 77 * Sauer-Geppert **1984**, 95 * Klek, Konrad/ Schrade, Werner: Zur Geschichte des Kirchenliedes, in: Siegfried Bauer (Hg.): Probieren & Studieren. Lehrbuch zur Grundausbildung in der evangelischen Kirchenmusik, München **1996**, 246 * Bunners, Christian: Lieder des Pietismus aus dem 17. und 18. Jahrhundert, Leipzig 2003, 34f.100–102

Im Geist des hallischen Pietismus und der Emphase jung Verheirateter haben Johann Heinrich Schröder und seine Frau Tranquilla Sophia geb. Wolf einige ihrer Lieder in direkter Reaktion aufeinander geschrieben. Sein Strophenschema aus dem Lied *Eins ist not! Ach Herr, dies eine* (EG 386)[1] nahm sie auf in ihrem Lied *Treuster Jesu, Ehrenkönig, du mein Schatz und Bräutigam*. Dort heißt es in der vorletzten Strophe: … *Es mögen alsdann gleich die Kräfte der Höllen / mit ihrem Anhange sich wider mich stellen:/ Geist, Macht, Kraft und Stärke legt Jesus mir bei,/ er selber hilft siegen und machet mich frei.*[2] Und ihr Lied endet mit den Worten: *Stimmt alle zusammen die Herzen mit Loben! / Licht, Leben, Heil, Gnade erscheinet von oben:/ Vor allem hebt himmelauf heilige Händ:/ Gott stärk uns; o Jesu, hilf siegen ohn End!*[3] Darauf reagiert wiederum er mit seinem Lied *Jesu, hilf siegen*, das die *Kräfte der Höllen* in 14 Strophen durchbuchstabiert. In den letzten beiden Strophen hallt auch noch eine Formulierung aus Tranquillas Lied *Jauchzet all mit Macht, ihr Frommen*[4] nach, wo es heißt: *Auf, ihr Klugen, steht und wachet;/ schmückt die Lampen: Babel krachet!*[5] Bei ihm heißt es nun in der 13. Strophe: *JEsu, hilff siegen! laß bald doch erschallen / daß Zion ruffet: Es ist nun vollbracht / Babel die Stoltze ist endlich gefallen! die da bishero so lang hat gekracht … laß uns den Untergang Babels einst sehn! doch wollan / kracht es / so wirds auch bald liegen / auf Zion! Rüste dich! JEsus hilfft siegen.*[6]

Die gewaltigen Krisenerfahrungen des 17. Jh. haben eine apokalyptische Mentalität erzeugt, die sich mit der auf Offenbarung 20,1–7 gestützten Vorstellung eines tausendjährigen irdischen Reiches Christi vor dem Endgericht in Teilen des Pietismus chiliastisch zuspitzte auf die Hoffnung der bald bevorstehenden Herrschaft der Bekehrten. Von der offiziellen Verwerfung des Chiliasmus[7] ließ man sich dabei nicht beeindrucken. Schon Philipp Jakob Spener stärkt im 2. Teil seiner „Pia Desideria“[8] die Hoffnung auf eine Besserung der Kirche „hier auf Erden“ durch die Bekehrung der Juden (Röm 11,25–26; Hos 3,4–5) und den Untergang des Papsttums, das er mit Bezug auf Offenbarung 18–19 „Babel“[9] nennt. In separatistischen Kreisen richtet sich der Widerstand gegen alles Weltliche auch gegen das Staatskirchentum des fürstlichen Absolutismus, die eigene Kirche bzw. Konfession kann „Babel“ genannt werden, im radikalen Pietismus werden alle Antipoden unter der apokalyptischen Chiffre „Babel“ zusammengefasst. Bei Gottfried Arnold ist die Gleichsetzung der verfassten Kirche mit der Hure Babylon aus Offenbarung 17,5 Standard. Schärfstes Beispiel dafür ist „Babels Grab-Lied“.[10] Auch bei August Herman Francke ist „Zion“ die rechte Kirche aus einzelnen

[1] Vgl. HEG III, H. 26, 42–47.

[2] Vgl. www.hymnary.org/text/trautster_jesu_ehrenkoenig.

[3] Enthalten in Freylinghausens „Geist-Reiche[m] Gesangbuch“ von 1704.

[4] Ebenfalls bei Freylinghausen 1704.

[5] Zit. n. HEKG Sb, 409.

[6] Zit. n. Bunners, Lieder des Pietismus, 36.

[7] CA 17, BSELK 72,14–18.

[8] Philipp Jakob Spener, Pia desideria – Umkehr in die Zukunft. Reformprogramm des Pietismus. In neuer Bearbeitung von Erich Beyreuther, Giessen ^{5}1995, 40 f.

[9] „Babel“ als biblisch-apokalyptische Chiffre für aktuelle gegnerische Mächte wie Griechen oder Römer fußt auf Dan 4,27; 1. Petr 5,13; Offb 14,8; 17–19.

[10] In diesem gegenüber der eigenen Kirche überaus aggressiven Lied, das Arnold in den „Göttliche[n] Liebes-Funcken“ 1698 veröffentlichte, werden kirchliche Reformen aussichtslos genannt und der bald bevorstehende Untergang der verfassten Kirche besungen. Wer kirchliche Reformen will, infiziert sich wie der Arzt, der den Körper eines Pestkranken berührt. Arnold ruft sogar zum Sturm auf Kirchen und zu ihrer Zerstörung auf, vgl. die Zitate im Wikipedia-Artikel „Gottfried Arnold“.

Bekehrten, die sich abgrenzt von der Kirche der nur äußerlichen Mitglieder. Der Glaube ist permanent im Bekenntnisstand, was ihm nicht nützt, schadet ihm, Adiaphora gibt es nicht. Für die Besserung der wahren Kirche, mithin für den Anbruch des Millenniums kann man etwas tun mit karitativen und missionarischen Aktivitäten, aber auf der Grundlage der ständigen kritischen und nach innen gerichteten Prüfung der eigenen Frömmigkeit. Diese Selbstbeobachtungsenergie des Pietismus trägt einiges zur neuzeitlichen Ausbildung des Individuums bei.

In dieses geistige Umfeld gehört Schröders *Jesu, hilf siegen*. Es erschien erstmals 1695 im Hasselschen Gesangbuch, herausgegeben von dem pietistischen Buchhändler Andreas Luppius[11], und wurde zu einem festen Bestandteil pietistischer Singkultur, nicht zuletzt durch Freylinghausens Gesangbuch von 1704.

Die Siegesbitte, mit der alle Strophen des Liedes beginnen, ist motiviert durch den Sieg Jesu über Teufel und Dämonen (vgl. Mt 4,1–11; 8,28–32; Lk 11,22) und den Anteil, den Jesus in den Missionsreden seinen Jüngern daran gibt (Mt 10,1; Mk 6,7; Lk 9,1). Texte zum Sieg Jesu über den Tod (Röm 8; 1. Kor 15; Joh 16,33) und zum geistlichen Kampf (Ps 118,15–16; Eph 6,11; 1. Petr 5,8; 1. Joh 5,4–5) schwingen mit. Nach Römer 7 f nimmt der Christus-Glaube Anteil am bereits errungenen Sieg Jesu (vgl. 1. Joh 3,8). Diese Gewissheit geht dem Lied allerdings ab! Sein Hauptakzent liegt vielmehr auf der spürbaren Erfahrung, diesen Sieg persönlich noch nicht errungen zu haben und gegen die eigenen Abgründe immer wieder kämpfen zu müssen.

Nach der stereotypen Eingangsbitte um diesen Sieg werden in den Strophen eine oder mehrere menschliche Abirrungen beschrieben, die bei Strophenende in die Bitte münden, Jesus möge aus diesem persönlichen Dilemma heraushelfen. Bei Luther lebt der Mensch in einer lebenslangen Dialektik als Sünder und Gerechter zugleich. Aus dieser Dialektik will der Pietist heraus und den Sünder hinter sich lassen, ohne dass dies jedoch gelingen kann, denn die Kraft des eigenen Willens reicht nicht hin, um zu tun, was er möchte (Röm 7,19). Die eigenen Schattenseiten und Abgründe, die sich bei Luther in drastisch-konkreten Teufelsvorstellungen äußerten, werden bei Schröder zu höllischen Anwandlungen, deren er mit Jesu Hilfe Herr werden will. Dabei geht der Kampf nach innen und nach außen, wie es in der ursprünglich 2. Strophe heißt: … *Wenn Babel wütet von außen und innen / laß mir / HERR niemals die Hülffe zerrinnen.*[12] Im Blick auf das ganze Lied, vollends in der reduzierten Gestalt des EG, geht dieser Kampf aber vor allem nach innen.

Der emphatischen Sprache entsprechen im Original Schröders viele Ausrufezeichen, die im EG zu Punkten herabgekühlt sind. Gelegentliche Stabreime (*höllisches Heer, schläfst ja und schlummerst nicht ein, versprochen – Fürsprech, wie wird dein Name da werden gepriesen*) und insbesondere i-Assonanzen (*hilf siegen*; *sieh wie die Finsternis dringet herein, in mir die Sünde, Begierden empfinde, sich schminken, ich mein Nichts, ich das Zeichen des Sieges erlang, will ich ewig dir*) intensivieren den Sprachklang. Seit dem 19. Jh. wird das Lied in den Gesangbüchern gekürzt rezipiert. Im EG steht Schröders Lied aller apokalyptischen Anspielungen und der meisten mystischen Anteile entkleidet

[11] Geistliche Lieder und Lobgesänge, o. O. 1695.

[12] Zitiert nach Bunners (s. Anm. 6) 35.

in einer sechsstrophigen Version. Das verstärkt den anthropologischen Pessimismus des Liedes und verringert seine Resonanz und Akzeptanz.[13] Auch das Vokabular erschwert mit *Eigenlieb, Hoffart, Last der Begierden, sündlich Fleisch, mein Nichts und Verderben* heute den Zugang.

Die 1. Strophe eröffnet das thematische Feld. Die Gebetsanrede *Fürste des Lebens* an Jesus ist biblisch singulär (nur Apg 3,15; vgl. EG 218,2). Wer das Lied singt, buchstabiert im Gebetsmodus Verunsicherungen eines Lebens im Glauben durch, das sich äußerlich wie innerlich Angriffen, Kritiken und Ablenkungen ausgesetzt sieht, die dem Gläubigen Schaden zufügen können. Der fromme Sänger führt das auf dunkle Mächte und satanische Verschwörung zurück. Mit *sichte* ruft Schröder implizit aber auch die Glaubensbitte Jesu für Petrus (Lk 22,31) in Erinnerung und nimmt sie für sich in Anspruch: Der Satan *sichtet*[14] auch ihn, versucht ihn „auszusieben", d. h. ihn von Jesus abzubringen, er *kränkt*, d. h. schwächt ihn, aber er bittet um Glauben, was der bibelfeste Rezipient in Schröders Umgebung mitdenkt. Der entscheidende Sieg über Welt und Satan ist der Glaube (1. Joh 5,4).

Im Original folgen zwei im EG fehlende Strophen. Die zweite Strophe der EG-Fassung konkretisiert die höllischen Kräfte klassisch pietistisch mit *Sünde, Eigenlieb, Hoffart und Missgunst*, die man als *Last der Begierden* und *tiefes Verderben empfindet*, also spürt und erlebt. Der Fromme bittet Jesus, dass er sich vor sich selbst schämen und *mein sündlich Fleisch töten* kann, d. h. die Kraft findet, die höllischen Anwandlungen zurückzudrängen (vgl. Röm 6,6; 7,5 f; 8,3; Gal 5,24; 6,8).

Nach weiteren vier teils mystisch getönten Strophen, die im EG übersprungen werden, ruft die dritte Strophe der EG-Fassung die biblische Situation des sinkenden Petrus auf (Mt 14,30), wenn sie die höllischen Anwandlungen im Frommen selbst weiter konkretisiert mit dem Drang zur Lüge, die sich mit dem Schein der Wahrheit *schminkt* (vgl. 2. Tim 3,4–5)[15] – sich schminken ist für einen Pietisten völlig undenkbar. Aus Psalm 16,8 (Zitat in Apg 2,25) zieht Schröder die Bitte, Jesus möge den Frommen in kraftvoller Nähe den Kampf des Glaubens nach Epheser 6 und die Unterscheidung der Geister nach 1. Johannes 4,1–3 lehren.

In der vierten Strophe der EG-Fassung wird mit *Wachen und Beten* das Bild der Gethsemane-Szene (Mt 26,40 f) vor das innere Auge gemalt. Im Glauben müde und träge zu werden ist im Duktus des Liedes eine weitere höllische Anwandlung, der der Fromme mit der Berufung auf den nimmermüden Hüter Israels (Ps 121,4; vgl. Joh 10,12) entkommen möchte. In der Erfahrung, dass auch der Glaube von Ermüdung übermannt werden kann, und der Bitte, davor bewahrt zu werden, erinnert sich der Fromme an die

[13] Wilhelm Nelles gegenteilige Einschätzung von 1928, die „chiliastische Beimischung" wegzulassen mache das Lied zu einem Kleinod (NelleG, 196), überzeugt heute nicht mehr, auch seine Beschreibung hat ihre Zeit gehabt: „Das Lied ist originell, scharf in der Kennzeichnung der Sündenschliche, brünstig im Gebet, recht ein Stück für das Blaue und Weiße Kreuz" (aaO.).

[14] Ein Sichter ist die Vorrichtung in einer Getreidemühle, die entweder durch einen Luftstrom wie beim Worfeln von Getreide im Freien die Spreu vom Weizen trennt (Windsichter) oder das Getreide über hin und her schwingende Siebe führt und so das Mahlgut säubert (Plansichter).

[15] Vgl. aber Dietrich Bonhoeffer, Nach zehn Jahren, DBW 8, Gütersloh 2015, 19–39.

Erkenntnis, dass er sich nicht selbst retten kann und sogar im Gebet auf Stellvertretung (Röm 8,26) und Fürsprache (Röm 8,34; 1. Joh 2,1) angewiesen ist.

Mit Anleihen aus der mystischen Tradition,[16] *alles verschwindet, mein Nichts, im Grunde der Seelen*, spitzt Schröder in der fünften Strophe der EG-Fassung die bereits in Str. 2 angebahnte spirituelle Aporie weiter zu, dass ein Leben in völliger Reinheit nicht möglich ist, noch verschärft durch die Unfähigkeit zu beten (Röm 8,26; vgl. Mk 9,24).

Die sechste EG-Strophe schließlich, die zwölfte des Originals, eröffnet eine unapokalyptische und zu keinerlei Kritik Anlass gebende eschatologische Perspektive des ewigen Lobgesangs im Himmel (Ps 61,9; vgl. EG 152,4; 162,4; 447,10). Im Anklang an Psalm 118,25 freut sich der Fromme im Singen auf das zugesagte *Zeichen des Sieges*, den Kranz des Sportlers (1. Kor 9,24 f) bzw. die Krone des Märtyrers (1. Petr 5,4; Offb 2,10; 3,11; 4,4), oder den verliehenen Glauben (1. Joh 5,4). Damit endet die EG-Fassung des Liedes.

Im Original folgen nun noch die beiden letzten zum Teil bereits zitierten Strophen, in denen Schröder die eben formulierte Zukunftshoffnung in chiliastisches Getöse münden lässt, wenn mit Offenbarung 18,2 die Hoffnung auf den baldigen Untergang der verfassten Kirche artikuliert und die damit erwartete Wiederkunft Jesu im Bild der Hochzeit des Lammes (Offb 19,6 f) besungen wird, auch wenn bei Schröder die Identifikation von Babel und Kirche nicht so eindeutig und scharf ist wie bei Arnold:

> 14. *JEsu, hilff siegen! damit wir uns schicken / würdig zur Hochzeit des Lammes zu gehn / kleide dein Zion mit güldenen Stücken / laß uns den Untergang Babels einst sehn!/ doch wollan / kracht es / so wirds auch bald liegen / auf Zion! Rüste dich! JEsus hilfft siegen.*[17]

Die beiden Schlussstrophen bildeten einen der zahlreichen Gründe, warum die Wittenberger Theologische Fakultät in ihrem Gutachten von 1716 das „Geist-Reiche Gesangbuch" Freylinghausens insgesamt ablehnte. Die Professoren haben neben anderen Liedern auch *Jesu, hilf siegen* einer Prüfung unterzogen: „n.312. JEsu hilff siegen sc. hat viel nichts wehrte Dinge / sonderlich aber den Chiliastischen Irrthum in sich". Und dann begnügt sich das Gutachten mit der bloßen Zitation der beiden letzten Strophen.[18] Ein anderes Lied – *Auff Seele sey gerüst!* – ist ebenfalls ein Ablehnungsgrund, „da es gar verdächtig / daß unter diesem Babel unsere Kirchen=Verfassungen verstanden werden."[19] Allgemein bemängeln die Wittenberger, dass im Freylinghausenschen Gesangbuch „gewisse Lieder gantz voll von Enthusiastischen und Fanatischen Lehren"[20] und „hoch-

[16] Vgl. Sauer-Geppert, 95.

[17] Str. 13 s. o., 45, beide Strophen zit. n. Bunners, 36.

[18] Der Löblichen | Theologischen Facultaet | zu Wittenberg | Bedencken | über das zu Glauche an Halle 1703. Im | Waysen=Hause daselbst edirte | Gesang=Buch | eingeholt und zum Druck befordert | durch | Hoch=Gräfliche Waldeckische | zur Regierung | Verordnete Land=Drost und Räthe. | Franckfurth und Leipzig | Zu finden bey Gottfried Zimmermann 1716, dort Seite 14; vgl. HEKG III/2, 218. Original einsehbar im Göttinger Digitalisierungszentrum: www.gdz.sub.uni-goettingen.de.

[19] Gutachten, 11.

[20] Gutachten, 9.

trabenden Redens=Arten“[21] seien. Schröders Lied ist da gewiss mitgemeint. Nach einem Liedtext wie „Babels Grablied“ von Arnold[22] ist nachvollziehbar, dass Kirchenvertreter und Hüter der reinen Lehre bei der Vokabel „Babel“ dünnhäutig reagieren.

Dem Lied sind diverse Melodien zugewiesen worden. In der ersten Veröffentlichung 1695 ist Joachim Neanders *Großer Prophete, mein Herze begehret* (Z II, 3947) angegeben. So hält es auch Zinzendorf in allen seinen Gesangbüchern.

Im Darmstädter Gesangbuch von 1698 (DKL 1698[06]) steht *Jesu, hilf siegen* mit einer introvertierten Melodie (Z II,3953a), die etwas variiert (Z II,3953b) im EKG die Melodie für Schröders Lied war[23] und heute mit Christian Ludwig Edelings *Christen erwarten in allerlei Fällen* in zwei Regionalteilen tradiert wird (EG BT 624; EG Wü 621).[24]

Im 19. Jh. beginnt neben anderen Melodiezuweisungen, die heute keine Rolle mehr spielen, die Verbindung mit der wohl vom Glauchaer Kantor Johann Georg Hille (†1744) stammenden[25] extrovertierten Melodie *Einer ist König, Immanuel sieget* (Z II, 3960) von 1733, heute die Melodie für *Jesus ist kommen, Grund ewiger Freude* (EG 66) und im EG auch für *Jesu, hilf siegen.*[26]

Die introvertierte Melodie *Christen erwarten in allerlei Fällen* trifft Duktus wie Charakter des Liedes allerdings besser als die extrovertierte *Jesus ist kommen, Grund ewiger Freude*, die ein Lied, das dem Kampf nach innen Vorrang gegenüber dem Kampf nach außen gibt, klanglich konterkariert.

Bernhard Leube

[21] Gutachten, 24.

[22] Vgl. Anm. 10.

[23] EKG 260; zuvor schon: Württemberg 1912.

[24] Die württembergische EG-Ausgabe gibt als einzige diese Melodiealternative an.

[25] Koch V, 594–595.

[26] So schon DEG Nr. 172. Ein neues Lied Nr. 187, vgl. Melodiekommentar in HEG III, H. 3, 28–30.

401 Liebe, die du mich zum Bilde deiner Gottheit hast gemacht

EG 401 EM 267

Text

Verfasser Johann Scheffler (Angelus Silesius) **Vorlagen** vgl. Kommentar **Quellen** (a) *Heilige Seelen=Lust / Oder Geistliche Hirten=Lieder/Der in jhren JESUM verliebten Psyche* (Johann Scheffler, Georg Joseph), Breslau 1657 (DKL 1657[12]) * (b) Str. 4: *Geistliche Lieder und Lobgesänge* (Andreas Luppius), o. O. 1695 **Überschrift** (a) *Das CVII. Sie ergibet sich der ewigen Liebe.* **Ausgaben** FT V,453 * Angelus Silesius: Heilige Seelenlust oder Geistliche Hirtenlieder der in ihren Jesum verliebten Psyche, 1657 (1668), hg. von Georg Ellinger, Halle 1901 * Angelus Silesius: Sämtliche Werke, hg. und eingeleitet von Hans Ludwig Held, München ³1952 (Neudruck: Wiesbaden 2002) * Angelus Silesius: Heilige Seelen-Lust. Reprint der fünfteiligen Ausgabe Breslau 1668, hg. von Michael Fischer und Dominik Fugger, Kassel 2004 **Besonderes** Rollengedicht: Die Psyche (verliebte Seele) ergibt sich der ewigen Liebe. **Strophenbau** 8/4a- 7/4b, 8/4a- 7/4b, 7/4c 7/4c vgl. Frank 6.27 **Abweichungen** (a) ohne Str. 4; 5,4 *Hertze hat ganz* * EM: 5,4 *die mein Herz genommen hin* **Verbindung TM** in der Q eigene Melodie (Georg Joseph, nicht bei Z) * weitere eigene Melodien: Z II,3667–3669 (1738–1828) * weitere Lehnmelodien: Z II,3616 (1731), 3651 (1693), 3749 (1698)

Melodie

s. *Komm, o komm, du Geist des Lebens* (EG 134)

Literatur

HEKG (Nr. 255) I/2, 397 f; III/2, 209 f; Sb, 404 f; HEG II, 270–272 ** ThustB, 351 f/ Nf, 328; ThustL II, 276–278 ** KLL (1878–1886) II, 30; Nelle (³1924/1962) Nr. 297; RößlerL (²2001) 547 ** VIERTEL, Matthias: Liebe, die du mich zum Bilde, in: Bengt Seeberg (Hg.): Singen und Sagen. Eine Sammlung von Predigten aus der Evangelischen Kirche von Kurhessen-Waldeck über Lieder des Evangelischen Gesangbuchs, Kassel **2000**, 205–211

EG 401 ist ein besonderes Gesangbuchlied: ein geistliches Liebeslied, ein Gebetslied, das weder Christus noch Gott nennt, ein Lied mystischer Frömmigkeit – und das Lied eines von Haus aus lutherischen Dichters, der in der zweiten Hälfte seines Lebens konvertierte und vehement gegen die lutherische Orthodoxie und für die Gegenreformation stritt.

Scheffler hatte von seiner Studienzeit an sich die ganze alte und neuere mystische Literatur erarbeitet – Birgitta von Schweden oder Gertrud von Hackeborn, Johannes Tauler, Heinrich Seuse oder Valentin Weigel. Über seinen schlesischen Freundeskreis gelehrter mystischer Denker kommt er in Kontakt mit Freunden des 1624 gestorbenen Theosophen Jacob Böhme. Immer klarer wird ihm seine Opposition zur damaligen –

heute in der Regel als erstarrt und formalistisch bezeichneten – lutherischen Orthodoxie. Scheffler ist weniger selbst ein origineller theologischer Denker, vielmehr einer, dem es immer wieder meisterhaft gelingt, die Einsichten der mystischen Theologie zur Sprache zu bringen. Im Cherubinischen Wandersmann richtet er sich eher an gebildete Menschen, formuliert das nahezu Unsagbare zupackend, provozierend, dialektisch, klug. In seinen Liedern richtet er sich eher ans Volk, formuliert weicher und nimmt vertraute biblische Inhalte und Bilder auf. In beidem sein Bemühen, eine biblisch begründete innige Frömmigkeit in vielen Seelen anzuzünden.

Der Liedtext stammt aus „Heilige Seelenlust oder geistliche Hirtenlieder der in ihren Jesus verliebten Psyche", einer Sammlung von 123 Liedern Schefflers, die 1657 in Wien erschien. Scheffler, der sich nach seiner Konversion Angelus Silesius nannte, beschreibt sein Dichten als einen intuitiven, nahezu verbal-inspirierten Prozess: Es sind diese „Reimen […] dem Urheber meisten theils ohne Vorbedacht und muehsames Nachsinnen in kurtzer Zeit von dem Ursprung alles gutten einig und allein gegeben worden"[1]. Ein Teil seiner Lieder sind Kontrafakturen: Er greift auf zu seiner Zeit moderne, scheinbar volkstümliche Hirten- und Liebeslieder zurück, die einen dichterischen Freiraum boten gegenüber der höfischen Dichtkunst. Zu EG 401 inspiriert ihn eine Liedvorlage aus dem damals weit verbreiteten Roman „Jüngst erbauete Schäferei"[2]:

Liebe, die du mich besessen, die du mir das Herz entwand,
die du mich zwangst, zu vergessen / meiner Sinnen und Verstand:
Jetzt gehabe dich nur wohl! Ich bin freud- und freiheitsvoll.

Scheffler übernimmt die Anfangsworte, das Reimschema (ababcc) und die Strophenform. Der Stollen beginnt mit einer direkten Anrede des Geliebten in Form paralleler Relativsätze, die beschreiben, was die Liebe dem Liebenden (an-)getan hat. Der Abgesang erst bringt das eigentliche Prädikat und folgert, wie das Ich jetzt zu dieser Liebe steht. – Schefflers Text ist in der Form strenger: Gleich dreimal spricht er seine Liebe direkt an; Stollen (Z. 1/2) und Gegenstollen (Z. 3/4) gestaltet er ganz parallel; den Abgesang (Z. 5/6) formt er – typisch für ein Volkslied – als Kehrvers. Inhaltlich überbietet er die unglückliche, unfreie Liebesbesessenheit der Vorlage durch die „Seelenlust […] der in ihren Jesus verliebten Psyche". In der Bejahung und Ergebung in diese himmlische, wahre Liebe findet der gläubig Liebende eine weit tiefere Freude als der sich abwendende weltlich liebende Sänger der Vorlage.

Liebe, dir ergeb ich mich,/ dein zu bleiben ewiglich. Der Kehrvers gleicht einem Ehegelübde. Er ist der Hauptsatz, der sich Lesern und Sängern einprägen soll. In den sechs Strophen des Originals (401,1–3.5–7) begründet Scheffler, was ihn zu diesem Versprechen führt.

Str. 1 gibt die drei Themenstränge des Liedes vor: Schöpfung (Z. 1 f), Erlösung (Z. 3 f) und im Kehrvers Aneignung des Heils. Diese drei Stränge werden in den Strophen 2, 3 und 5–7 zwar nicht systematisch entfaltet, aber doch vor dem heilsgeschicht-

[1] Zitiert nach: Cherubinischer Wandersmann. Kritische Ausgabe, Stuttgart 1984, 366.
[2] Jüngst erbauete Schäferei. Von (A.) Schindschersitzky, Leyden 1635.

lichen Horizont mit einer Vielzahl biblischer Anspielungen durchgeführt[3], so dass das Lied als Ganzes einem Glaubensbekenntnis gleichkommt.

Auf dem Hintergrund von 1. Johannes 4,16 spricht Scheffler Jesus und mit ihm Gott als ‚Liebe' an. Doch vor allem ist diese Bezeichnung hier eine Art Kosename. Die in der Mystik weiblich empfundene Seele spricht mit Christus als ihrem Liebsten. Im Sich-Ergeben und Dein-Bleiben (Kehrvers) schwingen Motive der Unio mystica mit, der Heiligen Hochzeit der Seele mit ihrem Christus-Bräutigam. Auch die anderen Personen der Trinität werden in der angesprochenen Liebe erkennbar: der Schöpfer in 1,1 f (1. Mose 1,27) und in 2,1 f (Ps 139,13 ff), der Geist dann in 6,4 (Röm 8,26). Im Vordergrund steht Jesus als der geliebte Erlöser, der eins ist mit dem Vater (Joh 10,30 und 17,21), im Schöpfer schon da ist (Kol 1,16) und von dem der Geist ausgeht. Hier setzt Scheffler in seinem Liedtext um, was er bei seinem Studium der mystischen Quellen gefunden hat: Die ganze Heilsgeschichte geht in der Christologie – oder besser gesagt: in der Christusminne – auf. Und die ganze Heilsgeschichte spielt in der eigenen Seele: Wahr ist nur, was durch die eigene Seele geht und sie sich anverwandelt:

> *Wird Christus tausendmahl zu Bethlehem gebohrn*
> *und nicht in dir; du bleibst noch Ewiglich verlohrn.*[4]

Liebe, die du mich zum Bilde / deiner Gottheit hast gemacht – was für eine wunderbare Zeile findet Scheffler gleich zum Beginn! Nicht der Ackerboden, von dem Gott uns nimmt, nicht der Odem des Lebens, den Gott uns einhaucht, nein, erst die Liebe macht uns zum Bilde Gottes. Dann, wenn die Liebe Gottes in uns resoniert und der Ton seiner Liebe in uns und durch uns weiterschwingt, dann sind wir sein Ebenbild, erst dann. Da nimmt Johannes Scheffler den anderen Johannes beim Wort, 1. Johannes 4,16: *Gott ist Liebe, und wer in der Liebe bleibt, der bleibt in Gott und Gott in ihm.*

Scheffler beginnt ausgesprochen positiv und gewinnend mit der eigenen Gottebenbildlichkeit (1,1 f). Auch der (Sünden-) Fall wiegt nicht gar so schwer, da er durch Jesu milde Liebe schon aufgehoben ist. 2,3 f bezieht sich auf 1,1 f zurück: Gott wird Mensch in Jesus – der Mensch wird Gott-gleich durch Jesus. In der mystischen Theologie geschieht in der Seele alles im selben Jetzt; die Unterschiede zwischen Gottebenbildlichkeit und Eins-Sein mit Gott, dem Ziel des mystischen Weges, verblassen.

Str. 3 erinnert die Heilsgeschichte. Leiden ist zeitlich; Lust und Seligkeit sind ewig. Auch hier geht die Erlösung – ewge Lust und Seligkeit sind schon erstritten – der Leidenschaft in der Nachfolge (Str. 5) voraus: Der Glaubende ist gebunden an das Joch Jesu, das zwar sanft ist (Mt 11,29 f), aber doch Verbindlichkeit und umfassende Verpflichtung bedeutet. Scheffler wählt das mildere Bild des Joches anstelle des härteren Bildes vom Kreuz (Mt 16,24). Die Liebe, die Stolz, Härte und Eigennutz überwindet, bleibt im Lied eine sanfte Kraft, die nicht zwingt, sondern das Herz ganz hinnimmt und

[3] M. E. schöpft Scheffler dichtend aus der Fülle der biblischen Gedanken-, Sprach- und Bilderwelt sowie älterer mystischer Theologie und arbeitet in poetisch-spiritueller Freiheit eher mit Anspielungen als mit direkten Bibelzitaten.

[4] Cherubinischer Wandersmann I, 61.

hinschmelzen lässt. Hier wie an vielen anderen Stellen im Liedtext klingt die Metaphorik des Hohenliedes (Hld 4,9) und der von ihr inspirierten Mystik an.

Str. 6 zeichnet im gegenwärtigen Zeitraum der schon erwirkten, aber noch nicht vollendeten Erlösung nach, wie Jesus aus Liebe im Jetzt die Seele hält, für sie bittet (1. Joh 2,1), sie freikauft (Mt 20,28), für sie eintritt (Röm 8,26 bzw. 8,34). – Str. 7 malt die künftige, eschatologische Erfüllung der Liebe aus: Sterblich wird herrlich.

Die 4. Strophe findet sich so erstmals im Luppiusschen Gesangbuch aus dem Jahr 1695. Obwohl sie Schefflers Strophenschema aufnimmt, stört sie, wie Martin Rößler schreibt, „mit ihren biblisch-dogmatischen Begriffen die zarten Liebesbande des Treuegelöbnisses. Wahrscheinlich war dieser Einschub schon vor Jahrhunderten der Preis dafür, dass solch ein subjektives Liebeslied in ein gottesdienstlich-kirchliches Gesangbuch aufgenommen werden konnte.“[5] – In neueren Veröffentlichungen – etwa im Gotteslob von 2013, Mainzer Eigenteil Nr. 847 – wird das Lied in seiner ursprünglichen sechsstrophigen Gestalt angeboten.

Die Erfahrung der Ablehnung in seiner Breslauer Heimat hat Scheffler 1653 zur Konversion geführt. Das ist unter mehreren Gesichtspunkten bemerkenswert: Sein Vater, ein wohlhabender polnischer Lutheraner, war wegen der Verfolgung der Lutheraner in Polen während des 30-jährigen Kriegs nach Breslau emigriert. Nun wird der Sohn zum habsburgisch protegierten scharfen öffentlichen Verfechter der Konfession, die seinen Vater aus der Heimat vertrieben hatte. Bemerkenswert aber auch, dass Schefflers Lieder nach dem Abschwellen der Gegenreformation im Katholizismus kaum rezipiert wurden. Im Lehr- und Dogmengebäude der katholischen Kirche war für einen mystischen Konvertiten und seine alles sprengende schwärmerische Jesusminne letztlich genauso wenig Raum wie in der lutherischen Orthodoxie. Aufgegriffen wurden Schefflers Liebes-Lieder dagegen im evangelischen Raum durch den entstehenden Pietismus mit seinen eigenen Gesangbüchern.

In der Beschäftigung mit Weg und Werk von Johannes Scheffler bzw. Angelus Silesius kann heute seine Verhärtung, Radikalisierung und wohl auch Vereinsamung in der zweiten Lebenshälfte nicht unerwähnt bleiben. Er veröffentlicht 55 umfangreiche Streitschriften gegen die evangelische Kirche. Er ruft nach Gewalt, Zwang, Ausrottung der lutherischen Ketzer mit allen Mitteln[6]. 1673 schickt er eine Schrift an den Kaiser in Wien: einen „Erweis, daß man die Ketzer zum wahren Glauben zwingen könne und solle.“[7] – Es ist dieselbe Irritation wie bei anderen Mystikern, etwa dem Kreuzzugsprediger Bernhard von Clairvaux: Wie kann einer so wunderbar und innig von der Liebe Gottes sprechen – und zugleich fanatischen Hass predigen? – Die mystische Erfahrung der Gottesnähe und der dichterischen Eingebung birgt die Versuchung, die eigene Erkenntnis absolut zu setzen. In unserem Lied fällt auf, dass es zwar heilsgeschichtlich das ganze Credo wiedergibt und auch die Trinität spiegelt; jedoch fehlt in der innigen Zweierbeziehung zwischen der Seele und Jesus die Liebe zum Nächsten, die Liebe gar

[5] RößlerL, 547.

[6] Arno Büchner, Das Kirchenlied in Schlesien und der Oberlausitz (Das evangelische Schlesien, Bd. VI, Teil 1), Düsseldorf 1971, 158.

[7] ZEIT Nr. 21, 17. Mai 2018, 19.

zum Feind, die Jesus lehrt und lebt. Es fehlt die soziale Dimension des Christentums, die Gemeinschaft der Heiligen und die (gegenseitige) Vergebung der Sünden.

Die Original-Melodie aus der Seelen-Lust von Georg Joseph konnte sich nicht durchsetzen. Früh wurde Schefflers Text mit der Melodie *Ich begehr nicht mehr zu leben* aus den Begräbnisliedern des Klugschen Gesangbuchs von 1609 gesungen[8], die auch dem Pfingstlied *Komm, o komm, du Geist des Lebens* (EG 134) zugewachsen ist. Für diese Zuordnung spricht, dass dem dreimal gleichen *Liebe, die/dir* auch die dreimal gleiche Wendung in der Melodie entspricht. Der Abschluss der ersten Melodiezeile auf der Terz verlangt ähnlich nach Fortführung wie die Relativsätze in Stollen und Gegenstollen. Die Stimmung der Melodie jedoch ist eher Gegenpol als Ausdruck des innigen Textes. Die fünf Richtungswechsel im Stollen passen zur nicht mehr geerdeten Seele in *Ich begehr nicht mehr zu leben*, nicht aber zur tief vertrauenden Seele, die bei Scheffler ihren Jesus in Liebe gefunden hat. – Hier zeigt sich in der pietistischen Tradition ähnlich wie beim Volkslied eine größere Nachsicht in Zuordnung und innerer Stimmigkeit zwischen Melodie und Text zugunsten des Interesses leichter, breiter und freude-weckender Singbarkeit. Schefflers Lied „hätte eine kraftvollere Weise verdient“[9] und benötigt diese wohl auch, um in der nächsten Generation weiter gesungen zu werden.

EG 401 ist ein besonderes Lied im Gesangbuch. Ein „vielgeliebtes Lied“[10], das eine Brücke schlägt zum erfahrungsbezogenen, mystischen Traditionsstrang des Christentums, der heute von manchen wieder gesucht wird[11]. Durch die vielen Wiederholungen und den prägnanten Kehrvers ist es einprägsam. Gerade die strenge sprachliche Form hält den freien Ausdruck einer sehr innigen Frömmigkeit in einer guten Balance. Mit vielen biblischen Anspielungen knüpft(e) Schefflers Lied an das Bibelwissen der Gemeinde an. ‚Liebe‘ ist – zu Recht – immer ein Thema, das viele anspricht. ‚Liebe‘ als Gottesbild und Gottesname ist für viele Heutige eher ein Zugang als manch Erbstück theologischer Tradition.

EG 401 ist von 2019 an Wochenlied für den Sonntag Estomihi. Die Liebe Jesu steht deutend am Beginn seines Weges hinauf nach Jerusalem auf Karfreitag und Ostern hin. – Als Lied nach der Predigt kann EG 401 die Aneignung der gehörten Botschaft ausdrücken. Da im Text viele der wesentlichen Aussagen des Glaubensbekenntnisses aufgenommen sind, kann es gelegentlich an die Stelle des Credos treten.

Frieder Dehlinger

[8] Text der 1. Str.: *Ich begehr nicht mehr zu leben, schnödes Leben fahr dahin, nur der Tod weiß mir zu geben, was da labet Geist und Sinn. Wer das Sterben recht betracht, gibt dem Leben gute Nacht.*

[9] HEKG II, 210.

[10] RößlerL, 547.

[11] Beispielhaft sei zitiert: Dorothee Sölle: „Die Religion des dritten Jahrtausends wird mystisch sein oder absterben.“ Mystik und Widerstand, Hamburg [4]1998 (Klappentext).

417 Lass die Wurzel unsers Handelns Liebe sein

EG 417 RG 819

Text

Verfasser Paul Kaestner (Str. 1), Dieter Trautwein (Str. 2) **Entstehung** vgl. Kommentar **Quellen** (a, Str. 1) *Deutsche Tischgebete von Paul Kaestner*, Leipzig 1921 * (b, Str. 2, entstanden 1986, zuerst gedruckt in) *Komm, Herr, segne uns* (Dieter Trautwein), Offenbach 1988 **Strophenbau** 11/6a 11/6a R:19/8×- = 19/8×- **Abweichungen** (a, Str. 1 und b, Str. 2) vgl. Synopse im Kommentar **Verbindung TM** (a) ohne Melodie * (b) wie EG * weitere: Ludwig Weber (1926); Heinz Lau (1951; 3st. Kanon)

Melodie

Incipit 5_53_2_12354_43_. **Verfasser** Volker Ochs **Entstehung** 1971 **Quelle** *Neue Gemeindelieder II* (Hg. Manfred Schlenker), Berlin 1973 (das Heft ist als 2. Auflage bezeichnet, vermutlich handelt es sich aber um einen Fehler und gemeint ist 2. Heft, freundliche Auskunft von Manfred Schlenker) **Ambitus** G: 9b; Z: 57b88 **Abweichungen** Q: Taktvorschrift 4/2, vor N 1 Viertelpause, erster Taktstrich nach N 2; nach Z. 2 Halbepause und Taktstrich; Z. 3 letzte N ohne Punkt (Druckfehler) * RG: Grundschlagangabe: punktierte Halbe/Halbe (statt EG: Halbe) **Verbindung MT** in der Q wie EG, aber mit 4 weiteren Strophen von Johannes Theissing * weitere Strophen (2–7): Johannes Theissing (1946), überarbeitet von Jürgen Henkys (1986); weitere Strophen (2–5): Walter Geiser (1986)

Literatur

HEG II, 173.233f.327f mit Ergänzungen von Wolfgang Herbst in JLH 42 (2003) 201 ** ThustB, 359/Nf, 336; ThustL II, 304–306 ** Meyer ([2]1997), 205–208.305 ** Henkys, Jürgen: Laß die Wurzel unsres Handelns Liebe sein. Ein Lied des Überschwangs, NSK 3/**1986**, 2–5 * Halbmann, Elisabeth: Lass die Wurzel unsres Handelns Liebe sein, in: Johannes Kreidler (Hg.): Licht, Leben Freud und Wonne. Liedporträts zu Gesängen aus dem Gotteslob, Ostfildern **2017**, 296–298

Jürgen Henkys eröffnete einen Aufsatz über *Lass die Wurzel unsers Handelns Liebe sein* 1986 mit den Sätzen: „Dieses Lied begann vor 65 Jahren zu entstehen. Aber womöglich hat es immer noch nicht die Gestalt, der alle, die es lieben, voll zustimmen können.“[1] Henkys’ Urteil bezog sich auf eine vierstrophige Fassung von Dieter Trautwein. 1993 kam eine zweistrophige Version ins EG. Ob diese schon das letzte Wort ist?

Die titelgebende erste Strophe stammt von dem Juristen Paul Kaestner aus seiner Gebetssammlung „Deutsche Tischgebete“ von 1921.

[1] Henkys 1986, 2.

Laß die Wurzel unseres Handelns
Liebe sein,
Senke sie in unser Wesen
Tief hinein,
Laß doch alles hier auf Erden
Liebe werden.

Dieses „Tischgebet" übt seit fast 100 Jahren eine erstaunliche Faszination aus. 1926 wurde es von Ludwig Weber zum ersten Mal vertont[2], 1951 schuf Heinz Lau (1925–1975) einen dreistimmigen Kanon.[3] 1946 ergänzte der Katholik Johannes Theissing Kaestners Gebet um sechs weitere Strophen, so dass mit der Melodie von Ludwig Weber ein Strophenlied von sieben Strophen entstand (s. u.). 1971 lernte Volker Ochs, Landessingwart der Berlin-Brandenburgischen Kirche, das Lied kennen. Er schrieb eine neue Weise und sorgte für die Aufnahme des Liedes mit vier Theissing-Strophen in das Beiheft zum EKG (1978).[4] Damals nahm auch die Kommission zur Erarbeitung des EG ihre Arbeit auf. Henkys erinnert sich: „… die deutschen Gesangbuchausschüsse, die über das Nachfolgewerk des Evangelischen Kirchengesangbuches beraten, konnten sich nicht entschließen, auch den Theissing-Strophen ihr Plazet zu geben. So erschien als Nr. 371 in der ‚Vorläufigen Liederliste' zum neuen Evangelischen Kirchengesangbuch nur Kaestners Vierzeiler mit der Melodie von Volker Ochs, und die Frage, ob das ein Gemeindelied sei oder werden könne, war wieder offen."[5] In dieser Situation nahm sich Dieter Trautwein des Liedes an und schrieb drei weitere Strophen auf die Ochs-Melodie, bei denen er sich von 1. Korinther 13,13 inspirieren ließ (s. u.). Im selben Jahr (1986) versuchte Jürgen Henkys, die Theissing-Strophen zu rehabilitieren, indem er eine Revision vorlegte.[6]

Kaestner/Theissing (1946)	**Kaestner/Theissing/Henkys** (1986)	**Kaestner/Trautwein** (1986)
1. Lass die Wurzel unsres Handelns Liebe sein,	1. Lass die Wurzel unsres Handelns Liebe sein,	1. Lass die Wurzel unsers Handelns Liebe sein,
Senke sie in unser Wesen tief hinein!	Senke sie in unser Wesen tief hinein.	senke sie in unser Leben tief hinein,
Herr, lass alles hier auf Erden Liebe werden! (EG, Str. 1)	Herr, lass alles hier auf Erden Liebe werden! (EG, Str. 1)	Herr, lass alles, alles hier auf Erden Liebe, Liebe werden! (EG, Str. 1)

[2] Die Weise kann angeschaut werden in Henkys' o. g. Aufsatz, 3.

[3] Siehe ebenfalls Henkys, aaO., 2.

[4] Vgl. Neue Lieder. Beiheft zum Evangelischen Kirchengesangbuch, Berlin 1978, Nr. 79. Zuvor schon in: Neue Gemeindelieder II, zusammengestellt von Manfred Schlenker, Berlin 1973, Nr. 62.

[5] Henkys, aaO., 2.

[6] Henkys, aaO., 5.

2. Last und Leid der Menschenbrüder Liebe trägt,
hilft und heilt, wo hartes Leben Wunden schlägt.
Herr, lass alles hier auf Erden …

2. Leiden Menschen unter Lasten, Liebe trägt,
hilft und heilt, wo hartes Leben Wunden schlägt.
Herr, lass alles hier auf Erden …

2. Lass die Wurzel unsres Handelns Glaube sein,
der uns Kraft gibt, auch den Feinden zu verzeihn.
Herr, lass bald schon nah und fern auf Erden
Friede, Friede werden.

3. Und der Schuld geheime Fesseln Liebe löst,
und des Elends enge Mauern sie durchstößt.
Herr, lass alles hier auf Erden …

3. Reißen tausend Hände nieder, Liebe baut,
zünden tausend Zungen Zwietracht, sie vertraut.
Herr, lass alles hier auf Erden …

3. Lass die Wurzel unsres Handelns Hoffnung sein,
die trotz Leid und Tränen lebt im Osterschein.
Herr, lass wie im Himmel so auf Erden
Freude, Freude werden.

4. Reißen tausend Hände nieder, Liebe baut,
zünden tausend Zungen Zwietracht, sie vertraut.
Herr, lass alles hier auf Erden …

4. Lug und Unrecht ziehn zu Felde, Liebe siegt,
selbst die dunkle Burg der Bosheit ihr erliegt.
Herr, lass alles hier auf Erden …

4. Lass die Wurzel unsres Handelns Liebe sein,
dieser größten Gabe ist kein Dienst zu klein.
Herr, lass alles, alles hier auf Erden
Liebe, Liebe werden! (EG, Str. 2)

5. Lug und Unrecht ziehn zu Felde, Liebe siegt,
selbst die dunkle Burg der Bosheit ihr erliegt.
Herr, lass alles hier auf Erden …

5. Gleich dem Blitze spaltet Hoffart, Liebe eint,
leuchtet wie die Sonne Gottes auch dem Feind.
Herr, lass alles hier auf Erden …

6. Gleich dem Blitze spaltet Hoffart, Liebe eint
Leuchtet wie die Sonne Gottes auch dem Feind.
Herr, lass alles hier auf Erden …

6. Und der Schuld geheime Fesseln Liebe löst,
unsres Elends enge Mauern sie durchstößt.
Herr, lass alles hier auf Erden …

7. Völker sterben, Sterne dunkeln, Welt zerstäubt,
Glück verrinnt und Ruhm verrauschet, Liebe bleibt.
Komm, Herr, dass auf deiner Erde
Liebe werde!

7. Macht und Ruhm verrauschen, jedes Glück zerstäubt,
Völker sterben, Sterne dunkeln – Liebe bleibt.
Komm, o komm, Herr, dass auf deiner Erde
Liebe, Liebe werde.

Schließlich entschied sich die Gesangbuchkommission zur Aufnahme der von Ochs erweiterten Kaestner-Strophe und der letzten Trautwein-Strophe.[7] So liegt eine weitere deutsch-deutsche Koproduktion aus der Werkstatt der Gesangbuchkommission vor (vgl. auch EG 278). Man darf gespannt sein, ob und wie die Geschichte des Liedes weitergeht.

Lass die Wurzel unsers Handelns Liebe sein. Ein Tischgebet, das kein Wort des Dankes enthält, sondern nur eine dreifache Bitte, die Bitte um Liebe als Wurzel des Handelns, um Einsenkung in unser Wesen sowie als Allbestimmendes. Man könnte im Kontext von Tischgebet und Mahlzeit an das Teilen von Speis und Trank denken. Doch sicher muss man dieses „Tischgebet“ auch im Zusammenhang der anderen Tischgebete sehen und den „Tisch“ allgemein als Ort familiären Zusammenkommens und ritueller Praxis auffassen. Kaestners Tischgebete zeugen von einer Situation harter Arbeit und materieller Not kurz nach Ende des 1. Weltkriegs. Seine Sammlung weist mehr Bitt- als Dankgebete auf. Sie tragen keinen explizit christlichen, eher einen allgemeinreligiösen Charakter. Das Motiv, das hinter der Entstehung der Texte steht, könnte man mit dem Sprichwort „Not lehrt beten“ charakterisieren. Die Deutschtümelei in den Vorreden ist aus heutiger Sicht befremdlich. Kaestner spricht vom „deutschen Kampf“ und von der „deutschen Not“, die uns „äußerlich immer ärmer“ gemacht habe. Er wünsche „eine lebendige, das Herz wunderbarerweise zugleich fest und weich machende Religiosität [...] auch über Kirche und Konfession hinaus.“[8] Bei Worten wie *Wurzel* und *senke ... tief hinein* klingen bäuerliche Vorgänge der Broterzeugung mit an. Vielleicht machen gerade diese alternativen Bilder den Text interessant, denn üblicherweise wird auf der Metaebene eher von „Grund“ oder „Quelle des Handelns“ als von *Wurzel* gesprochen. Ob die Taufe als theologischer Ort der Erneuerung und „Einsenkung“ (vgl. EG 200,1; Röm 6,5 σύμφυτοι) von Kaestner mitgedacht ist, darf zumindest gefragt werden. Überhaupt ist unklar, welche Rolle die Bibel in Kaestners religiöser Lyrik spielt. Daher kann man auch bezweifeln, dass die biblischen Anklänge an Römer 5,5; 1. Korinther 13; Kolosser 3,14.17 (*Über alles aber zieht an die Liebe*; *alles, was ihr tut mit Worten oder mit Werken, das tut alles im Namen des Herrn Jesus*) hier bewusst gewählt sind. Davon unabhängig wird die Liebe als Gottesgabe angesehen, die wir nur erbitten und empfangen, aber nicht selber „machen“ können. Insgesamt manifestiert sich in Kaestners Tischgebeten eine uns heute verdächtige erd- und volkverbundene Naturreligion. Ob die begrifflich-verbalen Anklänge an die Theologie und Philosophie der Zeit und an ihre Schlagworte, z. B. Liebe, Wesen, Tiefe (vgl. Harnack, Husserl, Heidegger, Tillich) bewusst oder unbewusst gewählt worden sind, lässt sich nicht sagen.

Der vierzeilige Originaltext von Kaestner wirkt im Vergleich mit seinen späteren Bearbeitungen trocken und spröde. Kaestner vermeidet eine christliche Gottesanrede. Beter ist nicht der Einzelne, sondern die Gemeinschaft, die Familie, das Haus, die Gemeinde, das Volk.

[7] Einen Eindruck von der intensiven Diskussion um das Lied und die verschiedenen Text- und Melodiefassungen vermitteln der kurze „Erfahrungsbericht aus der DDR“ von Stefan Gehrt in NSK 1987/2, 25, sowie die Zuschriften von Murielle Strübin-Bentz und Max Oberlin in NSK 1/1989, 32, sowie Walter Geiser in NSK 3/1989, 25.

[8] Deutsche Tischgebete, Vorwort zur 1. Auflage.

Als Volker Ochs der Text 1971 in die Hände fiel, war bei ihm die Assoziation an 1. Korinther 13 sofort da. Ochs schrieb eine neue Melodie und bearbeitete dazu den Text. In seiner Fassung wird das Tischgebet verchristlicht (*Herr, lass alles*), seiner Nüchternheit entkleidet und in Überschwang getaucht. Doch der Eindruck des Überschwangs entsteht nicht nur durch das wiederholte *Herr, lass alles, alles hier auf Erden Liebe, Liebe werden*! Er wird auch musikalisch erzeugt, s. u. Der Autor meinte, dass die Aussage *Lass doch alles hier auf Erden Liebe werden* einer emotionalen und emphatischen Verstärkung bedürfe. Ochs: „Das Wort ‚Liebe' hat einen liebevoll zu singenden Bogen erhalten."[9]

Die zweite, von Dieter Trautwein geschaffene Strophe sollte in dessen Konzept[10] die letzte sein und nach der Kaestner-Ochsschen Kopfstrophe die Trias Glaube, Hoffnung, Liebe abschließen, vgl. Trautweins Textversion s. o. Trautwein erinnert an eine Vorlesung Rudolf Bultmanns, in der dieser „die in der Lutherbibel noch immer gebrauchte Überschrift ‚Das Hohe Lied der Liebe' mit dem ärgerlichen Ausruf: ‚Dummes Zeug!'" kommentiert habe: „Die Agape bewähre sich doch als größte Gabe in den kleinen und kleinsten Diensten."[11] Diese Fokussierung auf die kleinsten Liebesdienste scheint die Gesangbuchkommission seinerzeit überzeugt und für diese Strophenkomposition gewonnen zu haben. In seiner jetzigen Gestalt ist das Lied auch das einzige unter den „Liebesliedern" des EG, das lediglich um Liebe bittet, ohne Taten der Nächstenliebe einzeln aufzuzählen. Stilistisch hat sich auch Trautwein dem Überschwang geöffnet, indem er Superlative benutzt (*größte Gabe, kein Dienst zu klein*) und die überschwängliche All-Aussage sowie die Verdoppelung der Liebe – sozusagen des Kehrverses – übernimmt.

Die auf der Quinte beginnende D-Dur-Melodie schreitet nach oben und unten aus. Der Tonumfang beträgt eine kleine None (*cis* bis *d"*). Man spürt der Melodie die Begeisterung ihres Schöpfers für den Text ab, der hier gleichsam tonmalerisch erschlossen und ausgedeutet wird. So verlegt Ochs etwa das Adverb *tief* auf den tiefsten Ton (*cis'*), während der höchste Ton (*d"*) auf *-les* (von *alles*) liegt. Dabei ist die Allaussage (*Herr, lass alles hier auf Erden Liebe werden*) ebenfalls tonmalerisch durch ein umschlingendes Kreisen und einen großen Melodiebogen, der alle Töne der Oktave mitnimmt, gestaltet. Besonderer musikalischer Nachdruck liegt auf den Worten *alles* und *Liebe*. Während *alles* zweimal durch die rhythmische Figur des lang-kurz emphatisch beschworen wird, wird *Liebe* durch eine Ligatur betont und in die Länge gezogen. Für die Liebe unterbricht Ochs die Deklamation und schenkt dem Zauberwort jeweils sechs Töne. Die Notation im EG erscheint unglücklich und verwirrend. Es wäre klarer gewesen, mit einer Viertelpause anzufangen (wie seinerzeit im Beiheft zum EKG), um den synkopischen Beginn sinnfällig zu machen. Würde man die erste Note als übergebundene Halbe nach einer Viertelpause notieren, könnte die ganze Melodie im 4/2-Takt dargestellt werden.[12] Nach synkopischem Beginn erreicht die Weise erst auf dem dritten Ton *fis* (*Wur-*) den Grundschlag. Die

[9] Meyer, 206.

[10] Dieter Trautwein, Neue Lieder aus drei Jahrzehnten, München 1992, Nr. 23, dort unter den Osterliedern!

[11] Meyer, 305.

[12] So auch in Neue Gemeindelieder II, s. o. Anm. 5, Nr. 62.

übrigen drei Teile beginnen auf dem Schlag, wobei der dritte und vierte Teil jeweils durch einen Zweiviertel-Auftakt gekennzeichnet ist (*Herr, lass*, s. Beiheft), so dass die gedachte Takt-Eins auf *al-* zu stehen kommt. Die Vermutung drängt sich auf, dass Ochs bei der Komposition des Liedes von einer Genfer Melodie (*O dass doch bald ein Feuer brennte*, EKG 219 bzw. EG 255) beeinflusst war, die heute ebenfalls mit einem schwärmerischen Text verbunden ist. Man vergleiche die jeweils zweiten Zeilen beider Lieder, die bei den letzten sieben Noten eine identische Tonfolge und ein fast gleiches Metrum aufweisen.

Zu den sinnvollen Verwendungen des Liedes sei – gerade auch wegen seines Bezugs auf 1. Korinther 13 – die Trauung vorgeschlagen. Aber auch die Taufe könnte ein passender liturgischer Ort sein, sofern es um die Verwandlung unseres Wesens geht.

Bernhard Schmidt

444 Die güldene Sonne bringt Leben und Wonne

EG 444ö RG 565(ö) EM 608ö

Text

Verfasser Philipp von Zesen **Entstehung** 1641 **Quelle** *PHILIPPI CAESII Deutsches Helicons Ander Theil/ Darinnen begriffen Allerley Muster der Deutschen Getichte.* (Philipp von Zesen) Wittenberg 1641[1] **Überschrift** *II. Morgenlied. Von Anapästischen Versen.* **Ausgaben** FT II,308; Philipp von Zesen: Sämtliche Werke. Neunter Band: Deutscher Helicon, hg. von Ferdinand van Ingen und bearbeitet von Ulrich Maché, Berlin 1971 **Besonderes** Mustergedicht für das Dichten im anapästischen Versmaß **Strophenbau** A6/2a- A6/2a- A5/2b A6/2c- A6/2c- A5/2b vgl. Frank 6.21 **Abweichungen** 1,5 die *Röhtin*; 4,1 ihm *ergeben*; 4,2 und *schweben* * RG: ohne Str. 2 **Verbindung TM** in der Q ohne M * eigene Melodie: Peter Meier (in: Filip Zesens Gekreutzigter Liebsflammen, Hamburg 1653; nach FT II,308)

Melodie

Incipit -5_ 1_1-712 -7_-5_ **Verfasser** Johann Georg Ahle **Entstehung** 1671 **Quelle** [*Neues Zehn geistlicher Andachten* (Johann Georg Ahle), Mühlhausen 1671 (DKL 1671[14])] **Ausgabe** Z II,3908 (nach der verschollenen Quelle) **Ambitus** G: 8; Z: 555564 **Abweichungen** Q (nach Zahn): Ganzton höher * EM: mit 4st. Satz (Horst Krüger 2000) **Verbindung MT** wie EG * *Ich sehe mit Wonne* (1715)

Literatur

HEG II, 18.356 f mit Ergänzungen von Wolfgang Herbst in JLH 40 (2001) 174 f.180 ** ThustB, 375/Nf, 351 f; ThustL II, 351 f ** Weber-Stockmann, Renate: Die Lieder Philipp von Zesens, Diss. Hamburg **1962** * Schönborn, Hans-Bernhard: Die Morgenröte. Eine Naturerscheinung in Literatur und Kirchenlied, JLH 23 (**1979**) 152 f

Als Beispiel dafür, wie im Deutschen gedichtet werden könne, „um der edlen Poesie noch weiter auff die beine zu helffen", mithin als ‚Mustergedicht' erscheint der Text dieses Liedes 1641 zum ersten Mal im Druck. Es geht dem Dichter Philipp von Zesen zunächst um einen Beitrag zur Sprachkultur, als er im Alter von 21 Jahren 1640 den ersten Band seiner Poetik „Deutscher Helicon" herausgibt. Dabei handelt es sich um eine „kurtze verfassung aller Arten der Deutschen jetzt üblichen Verse/wie dieselben ohne Fehler recht zierlich zu schreiben", doch wird neben der Theorie volkssprachlicher Lyrik auch zum praktischen Nutzen ein alphabetisches Reimlexikon beigegeben. 1641 folgt der zweite Band, in dem Philipp von Zesen Musterbeispiele für alle Reim- und Versschemata entwirft, die anderen Dichtern als Vorbilder und Anleitungen dienen sollen:

[1] Digitalisat: NSUB Göttingen.

„Kurtze Entwerffung Der vornehmsten Muster der Deutschen Getichte / so in folgenden vier Buechern zu finden". Auf Gedichte im jambischen und trochäischen Versmaß folgen im dritten Teil des Buches „Muster der Dactylischen / Anapästischen und Sapphischen Arten". Hier nun taucht der Text unseres Liedes auf, und zwar unter der Überschrift „Morgenlied von Anapästischen Versen".

Unter dem ursprünglich antiken Versfuß des Anapäst wird ein dreiteiliger Versfuß mit der Abfolge zweier kurzer und einer langen bzw. zweier unbetonter und einer betonten Silbe verstanden. Dabei neigt das anapästische Muster im Deutschen dazu, durch Verschiebung daktylisch (also lang – kurz – kurz) empfunden zu werden. Auch Horst Frank führt entgegen von Zesens ursprünglicher Intention dessen „Morgenlied" als Paradebeispiel für die „schlanke, daktylische Schweifreimstrophe" an (Frank, 410). Der Komponist Johann Georg Ahle wusste es besser: Er schrieb den „anapästischen Versen" eine ebensolche Melodie im Dreivierteltakt auf den Leib. Zwar ist der Dreivierteltakt zunächst daktylisch, insofern die erste Zählzeit die Betonung trägt. Durch den Auftakt erreicht Ahle jedoch eine Verschiebung dahingehend, dass die jeweils erste Silbe jeder Textzeile auf die unbetonte dritte Zählzeit des Taktes fällt. Der Beginn der Textzeilen ist als Spondeus, also die Zusammenziehung zweier Kürzen innerhalb des anapästischen Musters, aufzufassen. Genau dies hat der Komponist umgesetzt, wenn er die einsilbigen Worte zu Beginn der zweiten und dritten Zeilen jeder Strophe auf zwei Achtelnoten singen lässt.

Bei der beschwingten, tänzerischen Melodie handelte es sich ursprünglich um eine barocke Arie in A-Dur. Sie eröffnete den 1671 erschienenen Band „Neues Zehn Geistlicher Andachten" von Johann Georg Ahle, der damals Hallenser Domorganist war, bevor er nach dem Tod seines Vaters Johann Rudolf Ahle 1673 dessen Nachfolge als Organist in Mühlhausen antrat. Dass er daneben auch poetisches Talent besaß, zeigt sich nicht nur in der Verleihung der Dichterkrone 1680 durch Kaiser Leopold I., sondern auch darin, wie kongenial er Philipp von Zesens „Morgenlied" mit seinem ungewöhnlichen Versmaß vertont hat.

Die Zweiteilung der Strophen in je drei Verse, deren letzte untereinander reimen, wird von der Melodie genau abgebildet: Die paargereimten Zeilen besitzen die gleiche, jeweils um eine Quart sequenzierte Melodie aus Viertel- und Achtelnoten. Jede Strophenhälfte endet mit einer halben Note, entsprechend der durch den männlichen Reim verursachten Zäsur im Text. Zudem führt die dritte Zeile die Melodie genau in der Strophenmitte auf den Anfangston *d* zurück. Auch besitzen beide Hälften genau den gleichen Rhythmus, abgesehen von den Achtel-Auftakten zu Beginn der zweiten und dritten Melodiezeile.

Das Lied beginnt mit einem Quartsprung aufwärts von *d'* zum Grundton *g'*, der von einer Achtel-Vierergruppe umspielt wird, bevor mit einem abfallenden Dreiklang *a – fis – d* der Ausgangston wieder erreicht wird. Dies wiederholt sich, um eine Quart sequenziert, so dass sich die Melodie in zwei Anläufen innerhalb der ersten vier Takte von *d'* zu *d''* und somit über den gesamten Ambitus einer Oktave aufschwingt. Während dieser Aufschwung in der ersten Strophenhälfte mit Quart- und Quintsprüngen erfolgt und zweimal durch abfallende Dreiklänge gebremst wird, umfassen die charakteristischen Vierer-Achtelfolgen in der zweiten Hälfte des Liedes Skalenausschnitte, die von *d'* zunächst bis *a'* und anschließend von *fis'* bis hinauf zum Spitzenton *d''* geführt werden, der am Ende der zweitletzten Zeile erreicht und wiederholt wird, bevor die letzte Melodiezeile eine Oktave tiefer einsetzt und zum Grundton aufsteigt. Zweimal vollzieht die Melodie also eine viertaktige Aufwärtsbewegung über eine Oktave, welche, verbunden mit den Achtelgruppen, den fröhlichen Charakter des Morgenliedes musikalisch perfekt in Szene setzt.

Philipp von Zesen war nicht nur ein kluger und einfallsreicher Sprachkünstler, als Sohn eines lutherischen Pfarrers hatte er offenbar ein immenses Gottvertrauen verinnerlicht, welches sein kunstvolles Gedicht sehr lebensnah zum Ausdruck bringt. Zunächst erscheint die erste Strophe des Morgenliedes als Naturbeschreibung: Mit der *güldenen Sonne* kehren nach der finsteren Nacht *Leben und Wonne* zurück, mit aufsteigender Morgenröte *verbleicht* der Mond, *die Finsternis weicht*. Die vielen hellen Vokale unterstreichen ebenso wie die Reimklänge in den syntaktisch völlig parallel gebauten Zeilen 3–6 die fröhliche Grundstimmung dieser Strophe. Nun kann die Sonne aber nicht nur als Naturphänomen, sondern auch als Bild für Christus verstanden werden. Auch wenn das Lied diese Deutung nicht ausdrücklich benennt, schwingt sie doch auf dem Hintergrund der biblischen und hymnodischen Tradition deutlich vernehmbar mit. Schon in der Alten Kirche wird Christus mit der *Sonne der Gerechtigkeit* aus Maleachi 3 identifiziert. Für unser Lied scheint Johannes 8,12 Pate gestanden zu haben, wo Jesus von sich selbst sagt: *Ich bin das Licht der Welt. Wer mir nachfolgt, der wird nicht wandeln in der Finsternis, sondern wird das Licht des Lebens haben* (Joh 8,12) – im Wortlaut des Liedes: *Die güldene Sonne bringt Leben und Wonne, die Finsternis weicht.* So ist es nur folgerichtig, dass der Anblick der *güldenen Sonne* in der zweiten Strophe den Blick zu Gott, dem *Höchsten dort oben*, lenkt, denn: *Wer mich sieht, der sieht den, der mich gesandt hat* (Joh 12,45). Verbunden wird dies mit der Aufforderung zum Lob, weil Gott während der Nacht vor *Schrecken und Wüten der höllischen Macht behütet* hat – sicherlich hatte Philipp von Zesen neben 1. Petrus 5,8 speziell Luthers Morgensegen im Ohr.

Der Aufforderungscharakter prägt auch die dritte Strophe, die das Gotteslob der zweiten zunächst aufgreift – *Kommt, lasset uns singen, die Stimmen erschwingen* – und in Dank und Bitte um Beistand *des Herrn* überführt. Während sich die Stimmen in die Höhe schwingen, wird die *Sonne* gleichsam in einer gedanklichen Gegenbewegung ‚geerdet' und als Bild für Christus zum Begleiter und ‚Türöffner' auf dem eigenen Lebensweg.

So ist es nur folgerichtig, dass in den letzten beiden Strophen die Kommunikationssituation wechselt: Sie sind nicht mehr an die Mitsingenden gerichtet, sondern in der Ich-Form geschrieben, mit auffallend vielen Pronomen in nahezu jeder Zeile (5 × *mein*, 2 × *mir*, 2 × *mich*). Wird in Str. 4,1–3 das ganze *Leben und Streben, Gehen und Stehn* dem Herrn *gegeben* (im Urtext stärker: *ergeben*), so folgen ab 4,4 Bitten um die richtigen *Gaben* für weitere *Vorhaben* und Gottes Leitung und Führung. Kein Wunder, dass dieses Lied zunächst in Jugendliederbüchern rezipiert wurde, sprüht die letzte Strophe doch geradezu vor Zuversicht und Tatendrang: *In meinem Studieren wird Er mich wohl führen*, er (der Herr aus 3,3) wird bei mir bleiben, die Sinne schärfen, die Tür öffnen. Das „Öffnen der Tür" kann hier als ein Weg-Bahnen Gottes in die Zukunft verstanden werden.

Führt man sich vor Augen, dass Philipp von Zesen sein Gedicht als 21-jähriger Student geschrieben hat, erhalten die letzten Strophen geradezu autobiographische Züge.

Von Zesens „Morgenlied“ gelangte erst im 20. Jh. in die Gesangbücher. Dies mag daran liegen, dass seine Melodie erst 1671 entstand, während mit Paul Gerhardts *Die güldne Sonne voll Freud und Wonne* (EG 449) seit 1666 ein beliebtes geistliches Morgenlied in Gebrauch war. Wenn Gerhardt sich von Philipp von Zesens Vorlage inspirieren ließ, handelte er durchaus in dessen Sinne, denn der „Deutsche Helicon“ wollte ja zur Nachahmung anregen.

Zuerst verzeichnen die evangelischen Jugendliederbücher „Der helle Ton“ (1934) sowie „Gesangbuch für die Jugend“ (1938) das Lied, ebenfalls 1938 erfolgt seine Aufnahme in das katholische „Kirchenlied“, ab 1946 in Diözesangesangbücher. Statt im Stammteil erschien es nur in wenigen Anhängen des EKG (Pfalz, Hessen-Nassau, Rheinland). Außer im EG und RG (hier ohne die zweite Strophe) findet sich das Lied in sechs Anhängen des neuen „Gotteslob“.

Die einzigen Textveränderungen betreffen den Beginn der vierten Strophe, der bei Philipp von Zesen lautete: *Es sey Ihm ergeben mein leben und schweben.* Möglicherweise greift er mit dieser Formulierung Luthers Übersetzung von Apostelgeschichte 17,28 auf: *In ihm leben, weben und sind wir.* Weben – schweben: Beides ist im damaligen Sprachgebrauch im Sinne von „sich bewegen“ zu verstehen. EG tilgt das mehr Assoziationen erlaubende „Schweben“, das eine eschatologische Komponente und Offenheit bot, wie sie ja auch der Schluss des Liedes enthält. Stattdessen wird im „Streben“ der Blick auf das „Studieren“ der Schlussstrophe verengt.

Anne-Dore Harzer

462 Wir danken dir, Herr Jesu Christ, dass du unser Gast gewesen bist

Text

Verfasser Albert Knapp **Entstehung** 1837 **Quelle** *Evangelischer Liederschatz für Kirche und Haus. Zweiter Band* (Albert Knapp), Stuttgart/Tübingen 1837, Nr. 2724 **Überschrift** *Mel. Vor deinen Thron tret' etc.* **Strophenbau** A8/4a 9/5a A8/4b A8/4b **Abweichungen** vor 1: 1. *Wir danken Gott für seine Gab'n*; 2. *Er woll' uns speis'n mit seinem Wort* [beide Strn. von Erasmus Alber]; 1,2 *uns'r* Gast **Verbindung TM** in der Q ohne N; mit dem in der Überschrift genannten Lied war vermutlich die Melodie zu *Wenn wir in höchsten Nöten sein* (EG 366) gemeint, s. Heft 15

Melodie

s. *Ach lieber Herre Jesu Christ* (EG 203)

Literatur

HEG II, 181 f ** ThustB, 386/Nf, 363; ThustL II, 385 f ** RößlerL ([2]2001) 844 ** Schulz, Frieder: Drei ökumenische Jesusgebete. *Komm, Herr Jesus, sei unser Gast; Jesu, dir leb ich; Die Seele Christi heilige mich.* Forschungen zur evangelischen Gebetsliteratur VII, JLH 34 (**1992/93**) 1–21 (bes. 2)

Der Gebetsreim findet sich im zweiten Band von Albert Knapps „Evangelischer Liederschatz“ und geht wohl auf Knapp selbst zurück. Er kombiniert dort sein Tischgebet mit zwei Strophen von Erasmus Alber (EG 458). In seiner Verwendung als Tischlied ist es in der Rubrik „Mittag und das tägliche Brot“ ins EG eingegangen. Somit enthält es schöpfungstheologische Implikationen, wie sie bereits bei der Besprechung anderer Tischlieder angeführt wurden.

Knapps einstrophiges Tischlied hat Dank und Bitte zum Hauptmotiv. Der erste Vers richtet seinen Dank an Jesus Christus und geht im zweiten Vers in eine Bitte an ihn und ein Bekenntnis zu ihm über. Insgesamt wird Jesus viermal angesprochen (*Herr Jesus Christ, du*). Der erste Teil der Strophe dankt rückblickend dafür, dass Jesus zu Gast war. Gerade im Lukasevangelium ist das Zu-Gast-Sein Jesu ein Leitmotiv (u. a. Lk 10,38–42; 19,1–10; 24,28–35). Daher ist es nicht verwunderlich, dass Knapp im zweiten Teil mit Lk 24,29bα (vgl. EG 483) auf die Emmausgeschichte anspielt (*Bleib du bei uns*). Damit wird aus dem Dank eine Bitte um Jesu fortwährende Präsenz. Die Präsenz Christi in der Tischgemeinschaft wird den Jüngern in Lukas 24,30 durch das Brotbrechen offenbar. Die Gemeinschaft mit Jesus Christus ist heilsam und lindert die Anfechtungen des Lebens (*so hat's nicht Not*). Der letzte Vers (*du bist das rechte Lebensbrot*) verarbeitet ein typisches Motiv von Tischliedern, nämlich Jesus als das Brot des Lebens (Joh 6, insb. V. 35.48). Knapp verbindet hier Dank und Bitte mit der Anspielung auf Emmaus nicht mit dem letzten Abendmahl (Lk 22,19 parr.), an das von den Motiven her auch gedacht werden könnte, sondern bezieht diese auf die Gemeinschaft mit Christus.[1] Während nämlich wir Menschen beim Abendmahl am Tisch des Herrn zu Gast sind und zu ihm kommen, ist bei häuslicher Gastfreundschaft und Tischgemeinschaft daran gedacht, dass wir unser Haus und unser Beisammensein öffnen, sodass Christus bei uns eingeht und unser Gast wird (*dass du unser Gast gewesen bist*).

Als Gebet und Lied nach dem Essen korrespondiert es mit „Komm, Herr Jesus, sei du unser Gast und segne, was du uns bescheret hast" als Gebet vor dem Essen. Dieses Tischgebet der Londoner Brüdergemeine ist mündlich als Kanon überliefert und hat Eingang in das Gesangbuch gefunden (EG 465). Diese beiden Tischlieder können als liturgische Einheit betrachtet werden und gemeinsam eine Tischsituation rahmen. Das kann der Mittagstisch einer Gemeinde, die Vesperkirche oder ein Gemeindefest sein. Das Singen kann Anfang und Ende des gemeinsamen Essens auf Tagungen und Freizeiten markieren oder den Rahmen des Feierabendmahls an Tischen am Gründonnerstag oder beim Osterfrühstück bilden. Wo am Abend gegessen wird, vom Nachtmahl die Rede ist oder die Emmauserzählung verkündet wird, kann der Kanon *Herr, bleibe bei uns* (EG 483) hinzutreten. In jedem Fall wird Christus ein Platz in unserer Mitte eingeräumt.

Die Kürze der Texte und die vielen melodischen Varianten (bei EG 462) lassen hier eine vielgestaltige Anpassung an Situation, Kirchenjahr und Gemeindemilieu zu. Durch den vierzeiligen Strophenbau zu je acht Silben mit jambischem Vierheber aus zwei Paarreimen (<8.8.8.8.) stehen eine Vielzahl von Melodien als Varianten zur Verfügung (*unser* allerdings mit zwei Achteln). Dies ist die große Stärke dieses Gratias-Gesanges.[2]

Wie in Knapps Liederschatz hatte auch das EKG dieses Tischlied als dritte Strophe von *Wir danken Gott für seine Gaben* (EKG 372/EG 458) an zwei Strophen Erasmus Albers angeschlossen. Im Evangelischen Gesangbuch sind die beiden Lieder wieder auseinandergetreten, um der jeweiligen Melodie und der Textvariation mehr Gewicht zu verleihen.[3]

Maximilian-Friedrich Schiek

[1] Anders Thust: „Im Blick auf das ‚Lebensbrot' und die wohl sakramentale Anspielung in Joh 6,51 […] kann der Gesang ebenso als Danklied nach der Austeilung des Abendmahls dienen", ThustL II, 386.

[2] Z. B. die Melodie von EG 366, an die Knapp offenkundig selbst gedacht hat.

[3] Siehe dazu die Kommentare zu EG 290 (HEG III, H. 20) und EG 203 (in diesem Heft) für die Melodien und den Kommentar zu EG 458 (HEG III, H. 26) für die Textvarianten.

472 Der Tag hat sich geneiget

Text

Vorlagen Psalm 51; 90f; 103 **Quelle** *Ein new Christlich PSALMBUCH Darin der gantze* [...], Greifswald 1597 (DKL 1597[06]) **Überschrift** *Ein ander schon Abendtsegen. Im thon: Ach Gott wolst mich erhören* **Ausgabe** W V,517 **Strophenbau** A7/3a- A6/3b A7/3a- A6/3b, A7/3c- A6/3d A7/3c- A6/3d, vgl. Frank 8.8 **Abweichungen** [nach W V,517]: 1,2 die Nacht *herführ itz gaht*; 1,5 *Duch seine milte güte*; 1,6 *erhelt uns Leib und Seel*; 1,7 *wol uns fortan* behüten; 1,8 *für allem ungefall*; 2,6 Gott *verlest* die Seinen; 3,7 bald *werdens* abgehauen; 3,8 verderben *von stundt an*; 4,4 und *bit HERR*, um *Genadt*; 4,5 du mir *zu wolst schreiben*; 4,7 ich *für* dir; 5,1 *durch Christus* willen; 6,4 *das bfel* ich dir; nach 6: 7. *Auß meines hertzen grunde* (= EG 443,1) **Verbindung TM** in der Q ohne N, die Überschrift verweist auf eine heute nicht bekannte Melodie

Melodie

s. *Ich freu mich in dem Herren* (EG 349)

Literatur

HEKG (Nr. 357) I/2, 514f; III/2, 459–462; Sb, 544f ** ThustB, 391/Nf, 369; ThustL II, 399f ** KLL (1878–1886) I, 114f ** Sauer-Geppert **1984**, 22f

Das 1597 zum ersten Mal in einem Greifswalder Gesangbuch anonym erschienene Lied ist deutlich vernehmbar um Luthers Abendsegen modelliert: Der Dank bzw. das Lob für den Schutz am Tag und die Bitte um ein Behütetsein in der Nacht (Str. 1), das Sündenbekenntnis und die Vergebungsbitte (Str. 4–5) sowie die Anempfehlung von Leib, Seele und ‚allem' in die Hände Gottes (Str. 6). Was aus dem Abendsegen in dem Abendlied nicht aufgegriffen wird, ist lediglich der Engelschutz (*Dein heiliger Engel sei bei mir*), den Luther seinerseits aus der Tradition der benediktinischen Komplet übernimmt.[1] Dafür greift das Lied das ebenfalls traditionelle Komplet-Motiv der „Vergänglichkeit" auf (Str. 2–3). Dadurch gelingt es dem unbekannten Verfasser, seiner Dichtung einen ebenso klaren wie kunstvollen Aufbau zu geben: Die Strophen 1 und 6 bilden mit ihrem charakteristischen Zitat aus Luthers Abendsegen („[du wollest] mich diese Nacht gnädiglich behüten") eine Klammer um das ganze Lied und benennen sein Grundmotiv: *(Er woll) uns gnädiglich behüten* (Str. 1,7) – *behüt mich gnädiglich* (Str. 6,6). Die Strophen 2–3 meditieren angesichts der hereingebrochenen Nacht das Thema „Vergänglich-

[1] Vgl. dazu die grundlegende Studie von Hansjakob Becker, Poesie – Theologie – Spiritualität. Die benediktinische Komplet als Komposition, in: Ders./Reiner Kaczynski, Liturgie und Dichtung. Ein interdisziplinäres Kompendium, Bd. 2, St. Ottilien 1983, 857–902.

keit" im Spiegel von Psalm 103, die Strophen 4–5 bitten mit den Worten von Psalm 51 um Sündenvergebung und Rechtleitung. Sind die ersten drei Strophen überwiegend in der Sprachform des Bekenntnisses verfasst (*Drauf setz ich all mein Hoffen*, Str. 2,7), so wechseln die letzten drei Strophen in den Gestus des Gebetes (*Vergib mir, lieber Herre*; Str. 4,1).

Strophe 1 beginnt mit einer Situationsangabe, die einen klassischen Topos des christlichen Abendgebetes zitiert, nämlich die Emmaus-Erzählung: *Bleibe bei uns, denn es will Abend werden, und der Tag hat sich geneigt* (Lk 24,29). Der Abend gibt den Anlass zum Tagesrückblick und damit zum Lobpreis[2] Gottes für den erfahrenen Schutz. Diese Erfahrung erlebten Beistandes führt zur Bitte um künftigen Beistand: Er, der helfen will (*Güte*) und der helfen kann (*Macht*), möge die Singenden *gnädiglich behüten auch jetzt in dieser Nacht* (Str. 1,7 f).

Die Strophen 2–3 greifen das Stichwort *Güte* (Str. 1,5) auf und verknüpfen mit ihm das Thema der Vergänglichkeit aller irdischen Dinge, speziell des menschlichen Lebens. Das Lied zitiert dabei Psalm 103: *Ein Mensch ist in einem Leben wie Gras, er blüht wie eine Blume auf dem Felde; wenn der Wind darüber geht, so ist sie nimmer da, und ihre Stätte kennt sie nicht mehr. Die Gnade des Herrn aber währt von Ewigkeit zu Ewigkeit* (Ps 103,15–17). Das von Luther mit *Gnade* übersetzte *hesed* des hebräischen Textes wird im Lied mit *Güte* wiedergegeben, wodurch der Rückbezug zu Str. 1 sichergestellt ist. Str. 3 verknüpft das Blumen-Gleichnis von Psalm 103 mit der drastischen Erfahrung von Psalm 90,5 f: *(Die Menschen sind) wie Gras, das am Morgen noch sprosst, das am Morgen blüht und sprosst und des Abends welkt und verdorrt.* Sich bei Einbruch der Nacht der Vergänglichkeit bewusst zu werden, dürfte auf der menschlichen Grunderfahrung beruhen, dass die Dunkelheit den Blicken die Dinge entzieht, sie hinwegnimmt. Speziell die Vergänglichkeit des Menschen ist seit der Karolingerzeit bis heute ein Motiv der Komplet, die zusammen mit antiker Tradition im Schlaf ein Abbild des Todes sieht.[3]

Die Strophen 4 und 5 wechseln nun in die direkte Anrede Gottes und überführen das Thema „Vergänglichkeit" in das Thema „Sündenbekenntnis und Vergebungsbitte". Zwischen Tod und Sünde sieht die Bibel einen engen Zusammenhang. Der zuletzt von dem Lied zitierte Psalm 90 etwa nennt als Grund für die Todesverfallenheit der Menschen: *Das macht dein Zorn, dass wir so vergehen … Denn unsere Missetat stellst du vor dich, unsere unerkannte Sünde ins Licht vor deinem Angesicht* (Ps 90,7). Das Lied nimmt zwar die Begriffe „Sünde" und „Missetat" aus dem Psalmvers auf, vermeidet aber das Motiv des Zorns und verbindet die Thematik stattdessen mit dem wohl prominentesten der sieben Bußpsalmen, mit Psalm 51: *Gott, sei mir gnädig nach deiner Güte … Wasche mich rein von meiner Missetat, und reinige mich von meiner Sünde; denn ich erkenne meine Missetat, und meine Sünde ist immer vor mir* (Ps 51,3–5). Als Bekräftigung der Verge-

[2] „Benedeien" von lat. *benedicere*, dem Pendant zum hebräischen *barak*, loben, preisen.

[3] Vgl. dazu Siri Fuhrmann, Der Abend in Lied, Leben und Liturgie. Studie zu Motiven, Riten und Alltagserfahrungen an der Schwelle vom Tag zur Nacht, Tübingen 2007, 155–160; Ansgar Franz, Räume zwischen Tag und Nacht. Das Abendgebet als Übergangsritus, in: Tobias Kaspari (Hg.), Raumbildungen. Erkundungen zur christlichen Religionspraxis. Festschrift für Stephan Weyer-Menkhoff (Theologie – Kultur – Hermeneutik 26), Leipzig 2018, 149–164.

bungsbitte wird die rhetorische Frage aus Psalm 130,3 angeführt (*Wenn du, Herr, Sünden anrechnen willst – Herr, wer wird bestehen?*), wobei vernehmbar Luthers Textversion von *Aus tiefer Not* (EG 299) anklingt (*Wer kann, Herr, vor dir bleiben? – Wo sollt ich vor dir bleiben*, Str. 4,7). Die knappe und drastische Antwort auf die Frage beschließt die Strophe: *Den Tod hätt ich verschuldt*. Im Hintergrund dieses Bekenntnisses steht ein Wort des Paulus aus dem Römerbrief, mit dem der Apostel das Verhältnis von Gesetz und Gnade, altem und neuem Menschen bilanziert: *Der Sünde Sold ist der Tod; die Gabe Gottes aber ist das ewige Leben in Jesus Christus, unserem Herrn* (Röm 6,23). Der christologische Bezug, der hier mitschwingt, wird zu Beginn der 5. Strophe ausdrücklich aufgegriffen: *Ich bitt, dass du mir gnädig um Christi willen seist* (Str. 5,1). Im Vertrauen auf die Rechtfertigung in Christus gipfelt und endet die Vergebungsbitte. Die folgenden Verse kehren zu Psalm 51 zurück und erbitten die Begabung mit dem Heiligen Geist (vgl. Ps 51,12–14), der sich als Führer auf dem Weg zu Gott erweisen möge (vgl. Ps 143,10: *Dein guter Geist führe mich auf ebner Bahn*). Von den drei kunstvoll kombinierten Zwillingsformeln (*weisen und lehren; leiten und führen; Steg und Weg*) ist speziell die mittlere durch Luthers Psalmenübersetzung vertraut (Ps 31,4; 108,11).

Strophe 6 lehnt sich wieder eng an Luthers Abendsegen an: „Denn ich befehle mich, meinen Leib und Seele und alles in deine Hände". Das Lied konkretisiert das ‚alles' als „Leben, Haus, Gut und Ehre", kurz alles, *was du mir hast gegeben* (Str. 6,1–2). Luther kennt das Motiv der ‚Übergabe in die Hände Gottes' aus der Tradition der römischen Komplet, in der die allabendliche „commendatio animae" einüben soll in die nach Jesu Vorbild (Lk 23,46) zu vollziehende endgültige Übergabe der Seele in die Hände Gottes im eigenen Sterben. Dieser spezielle, sozusagen ‚thanato-eschatologische' Aspekt scheint in Luthers Abendsegen zurückzutreten zugunsten des allgemeineren Motivs einer ‚Bewahrung': Am Ende des Tages wird Gott nicht nur die Seele, sondern auch der Leib und „alles" in die Hände gelegt, damit er diese Güter während des Schlafs der Betenden schütze (und sie am darauffolgenden Tag aus Gottes Händen zurückerhalten werden können). Das Lied folgt zwar dieser Deutung, doch gewinnt es in den letzten beiden Versen auch den eschatologischen Aspekt der Komplet zurück: *gib mir ein selig Ende, und nimm mich in dein Reich.*

Das anonym überlieferte Abendlied verbindet auf poetisch und theologisch hohem Niveau den Abendsegen Luthers mit Motiven der römischen Komplet. Bemerkenswert ist allerdings, dass es entgegen der biblischen, liturgischen und hymnodischen Tradition dem Phänomen „Schlaf" augenscheinlich keinerlei anthropologische und theologische Bedeutung beimisst; Begriffe aus dem Motivfeld „Schlaf/Ruhe" werden kein einziges Mal verwendet. Weder erscheint der Schlaf als eine Gnadengabe des gütigen Schöpfers oder als Sphäre der Versuchungen des „bösen Feindes" noch als Ort der liebenden Begegnung der Seele mit dem himmlischen Bräutigam.[4] Es bleibt ein irgendwie ‚schlafloses' Abendlied, das sich auf die Themen Schutz, Vergänglichkeit und Sündenvergebung beschränkt. Das dürfte eine heutige Rezeption erschweren.

[4] Vgl. zu diesen Motiven Ansgar Franz, O Gott, dein Wille schuf die Welt, in: LGL2, 885–889.

Eine dem Erstdruck des Liedes beigegebene 7. Strophe (*Aus meines hertzen grunde / sag ich dir lob und danck,/ In dieser Abendstunde, / darzu mein lebenlang …*)[5] ist eine tagzeitlich angepasste Variante der 1. Strophe des Liedes von Georg Niege (EG 443). Angesichts der kunstvollen Komposition der Strophen 1–6 dürfte es sich dabei um eine sekundäre Erweiterung handeln, die in der weiteren Rezeption des Liedes allmählich ausgeschieden wird. Diese verläuft im 17. Jh. eher schleppend, erst im 18. Jh. erlebt das Lied eine gewisse Verbreitung, auffälliger Weise vor allem in Osten des deutschen Sprachgebietes (z. B. Berlin 1700, Hanau 1713, Braunschweig 1742, Leipzig 1753, Dresden 1758, Riga 1761, Breslau 1772, Königsberg 1787), und findet Eingang in die Praxis Pietatis Melica (1703) und das Brüder-Gesangbuch von 1749 (hier auf die ersten beiden Strophen verkürzt). Die Aufklärungsgesangbücher des 19. Jh. meiden das Lied; es verschwindet fast völlig aus dem Rezeptionsprozess. Allerdings fehlt es auch in den restaurativen, an der älteren Liedtradition orientierten „Kernliedern“ (1854) und im DEG (1915). Erst das EKG (1950) entdeckt das Lied wieder; von dort aus kommt es ins EG. Eine katholische Rezeption setzt zwar früh ein – ebenfalls wieder im Osten (Leitmeritz 1609; Königgrätz 1730) –, bleibt aber folgenlos.

Ansgar Franz

[5] W V,517.

475 Werde munter, mein Gemüte

EG 475 EM 630

Text

Verfasser Johann Rist **Quelle** *Johann: Risten H. P. Himlischer Lieder* [...] *Das Dritte Zehn* (Komponist: Johann Schop), Lüneburg 1642 (DKL 1642[04]) **Überschrift** *VIII. Christliches Abend=Lied / Sich dem Schutz des Allerhöhesten zu befehlen* **Liturgische Einordnung** Kolumnentitel: *Christliches Abend-Lied* **Ausgaben** FT II,199; Rist, Johann/Schop, Johann. Himmlische Lieder (1641/42), hg. von Johann Anselm Steiger und Konrad Küster, Berlin 2012, 239–242 **Strophenbau** 8/4a- 7/4b, 8/4a- 7/4b, 7/4c 7/4c 8/4d- 8/4d-, vgl. Frank 8.25 **Abweichungen** 1,7: *hat erhalten und beschützet*; 1,8: *daß mich Satan nicht beschmitzet*; nach 2: 3. *Keine Klugheit kann außrechen*; 3,2: *Die betrübte* Nacht bricht an; 3,7: *Und mein kaltes Hertz erhitze*; 3,8: *Wenn* ich; 4,4: *Und so* gar; 4,5: *Daß auch Satan durch sein* Spiel; 4,7: *Da kanst du allein'* erretten; 4,8: *Straffe nicht mein Ubertretten*; nach 5: *7. O du Liecht der frommen Seelen; 8. Schütze mich fürs Teuffels Netzen; 9. Wenn mein' Augen schon sich schliessen*; 8,3: ich *stets verehre* * EM: ohne Str. 3 und 4; 5,3: *denn dein Sohn ist einst verblichen*; 5,4: *für mich in der* Todespein; 5,8: die ich *immer* in mir *finde*; nach 5 (= EM 3): *4. O du Licht der frommen Seelen*; 6,2: eine *sanfte, süße*; 6,6: *all die Meinen,* Hab und Gut; 6,7: *Feinde, Hausgenossen*; 6,8: Schutz *beschlossen*; ohne Str. 7; 8,3: ich *stets verehre*; 8,8 ja, *das* soll **Verbindung TM** wie EG * Variante: Z IV,6551b (DKL 1649[15])

Melodie

Incipit 3_34 5_5_4_3_ 2_2_ **Verfasser** Johann Schop **Quelle** wie Textquelle **Ausgaben** Z IV,6551a; B III,162; Edition von 2012 s. Textausgabe **Besonderes** vgl. die ähnliche Melodie Schops: Z III,5543 **Ambitus** G: 6; Z: 45(45)3345 **Abweichungen** Q: mit Generalbass; Taktvorzeichnung ¢; Zeilentrennstriche; große Terz höher; Z. 1 ohne N 1 (*Wer-de* ist den Achteln unterlegt), davor Halbe- und Viertelpause, N 9 Halbe; Z. 2 N 1 Achtel, N 5–6 punktierte Viertel mit Achtel, N 7 punktierte Halbe; Z. 5+6 je N 1+2 Achtel, N 7 punktierte Halbe; Z. 7 N 1+2 Achtel, N 8 Halbe; Z. 8 N 1 Achtel, N 5–6 punktierte Viertel *f'* mit Achtel *g'*, N 8 Halbe * EM: Ganzton höher; mit 4st. Satz (nach Samuel Furer 1952) **Verbindung MT** wie EG * *Süßer Jesu, lass dich finden* (Böhmische Brüder 1731) * *Ich will beten, Gott wird hören* (EKG-Regionalteil Pfalz 461) * *Sorge, Herr, für unsre Kinder* (RG 175)

Literatur

HEKG (Nr. 360) I/2, 516–519; III/2, 465–468; Sb, 547 f; HEG II, 257–259.281 f ** ThustB 393/Nf, 370; ThustL II, 403–405 ** Koch ([3]1866–1877) VIII, 190–192; KLL (1878–1866) II, 356 f; EEKM (1888–1895) IV, 260–263; Julian ([2]1907) 1254; Schlunk (1951) 355 f; RößlerL ([2]2001) 492 f ** BELFRAGE, Esbjörn: Morgen- und Abendlieder. Das Kunstgerechte und die Tradition, JLH 20 (**1976**) 108–113 * RÖSSLER, Martin: Bibliographie der deutschen Liedpredigt, Nieuwkoop **1976**, 277 * HUCK, Oliver: „nach der Melodie meines aus den himlischen wolbekanten Liedes“. Rists Melodieverweise auf seine eigenen geistlichen Lieder, in: Johann Anselm Steiger / Bernhard Jahn: Johann Rist (1607–1676) Profil und Netzwerke eines Pastors, Dichters und Gelehrten, Berlin **2015**, 439–457, bes. 454 f * KADELBACH, Ada: Himmlische Lieder in Hamburg, Lübeck und Lüneburg. Zur Rezeption von Johann Rist in Gesangbüchern norddeutscher Hansestädte, ebd. 481–512, bes. 487

Johann Rist bezeichnet sein Lied *Werde munter, mein Gemüte* als ein „Christliches Abend=lied / Sich dem Schutz des Allerhöhesten zu befehlen". Seine sprachliche Prägung verdankt es Psalm 91[1], wodurch es in die Nähe der Komplet rückt. Zwölf Strophen hat das Lied im Original; das EG übernimmt – dem EKG folgend – davon acht.

Der Aufbau des Liedes bleibt trotz der Kürzungen durchsichtig: Die erste Strophe wirkt wie ein öffnendes Tor, das zum Preis der Güte Gottes aufruft, die letzte Strophe schließt mit einer trinitarischen Bitte um Erhörung, die Strophen 2–7 führen, das Blickfeld vom eigenen Leben aus weitend, je einen Gedanken besonders aus:

Str. 1 Aufforderung zum Preis der Güte Gottes

Str. 2 Lob für das Werk des Tages
Str. 3 Bitte um Beistand in der Nacht
Str. 4 Bitte um Vergebung und Hilfe
Str. 5 Bitte um eine ruhige Nacht und Fürbitte für Familie, Freunde und Feinde
Str. 6 Bitte um Verschonung vor besonderen Nöten
Str. 7 Fürbitte in Notzeiten

Str. 8 trinitarische Bitte um Erhörung

Der Weckruf am Abend entspricht einer biblischen Tradition (Ps 57,9; Hld 5,2), die Selbstaufforderung folgt Psalm 103,2[2]. Das entscheidende Stichwort dieser ersten Strophe ist Gottes *Behüten* (vor *Plag*, *Betrübnis*, *Schand und Schaden*), das *den ganzen Tag* des Beters bestimmte und auch seinen Lebenskreis umschloss.

Lob und Dank stehen daher in der 2. Strophe an erster Stelle. Das Werk des Tages ist gelungen, zu einem guten Ende gebracht. Das ist Gott allein zu verdanken. Gott bewahrt vor *Sünden* (eigenes Tun) und *Feinden* (Einfluss von außen) und *allem Leid*, ja, Gott selbst hat die Feinde vertrieben[3]. Darin zeigt sich Gott als *Vater der Barmherzigkeit.*[4]

[1] Ob *Werde munter* seine Vorlage in Johann Arndts „Paradiesgärtlein" hat (dort ebenfalls viele Bezüge zu Ps 91), ist entgegen früherer Forschung wohl eher zu verneinen, vgl. Belfrage, Morgen- und Abendlieder, 112.

[2] *Gemüte* und *Sinne* erinnern an *meine Seele* und *was in mir ist*, gerade auch darin, dass Ps 103,2 auf *Gutes*, das nicht vergessen werden soll, Bezug nimmt.

[3] Vgl. Ps 44,8 und Johann Rist/Johann Schop, Himmlische Lieder (1641/42). Kritisch herausgegeben und kommentiert von Johann Anselm Steiger und Konrad Küster, Berlin 2012, 239, eventuell ein Anklang an Luthers Morgen- und Abendsegen.

[4] Hier folgte die ursprüngliche 3. Strophe: *Keine Klugheit kann außrechen / Deine Güt und Wunderthat / Ja kein Redner kann außsprechen / Was dein' Hand erwiesen hat / Deiner Wolthat ist zu viel / Sie hat weder Maaß noch Ziel / Ja du hast mich so geführet / Dass kein Unfall mich berühret.*

An der Schwelle zur Nacht – das Thema der 3. Strophe – ist *der Sonne Prangen* vorbei. Angesichts der hereinbrechenden Finsternis erbittet der Sänger Gottes Beistand, seinen *Glanz*, der *stets vor mir sei,/ mich umgebe und beschütze.* Die Verben erinnern an den Aaronitischen Segen, das Bild des Glanzes auch an Psalm 50,2 (*Aus Zion bricht an der schöne Glanz Gottes*) und an die Feuersäule, die dem Volk in der Wüste bei Nacht leuchtete (2. Mose 13,21 f)[5]. Gott wird wie in der 2. Strophe als *Vater* angerufen.

Als *Herr*n[6] bittet der Beter in der 4. Strophe diesen Vater um Vergebung *alle*r *Sünd und Missetat* (in der Tradition des Luther zugeschriebenen Beichtgebetes: „Allmächtiger Gott, barmherziger Vater, ich armer, elender, sündiger Mensch bekenne dir alle meine Sünde und Missetat …") – *aus Gnaden*, die an das Werk Christi gebunden ist. *Sünd und Missetat* wird in ihren Auswirkungen bedacht, zunächst anthropologisch: sie belastet und vergiftet. Daher kann nur der helfen und erretten, der die Last trägt und den Schaden heilt. *Sünd*e ist damit, gut reformatorisch, sehr umfassend verstanden, ebenso die Befreiung von der Sünde. Entsprechend spricht Rist von *des Satans Spiel*, das *zur Hölle* führt. Auch hier hat er die Konsequenz der Sünde im Blick, nun theologisch: die Scheidung von Gott. Ganz lutherisch wird das *allein* betont: Errettung von Sünde, Tod und Teufel gibt es nur beim Herrn. Das aufgeladene Wort *erretten* deutet auf den Retter (Lk 2,11), der allein erlöst[7].

In der 5. Strophe steht wieder die *Gnad*e und mit ihr die *Huld*, die göttliche Treue, im Vordergrund, die *viel größer* ist als die Sünde (vgl. Ps 130,7). Denn bei allem (Ab-) Weichen von den Wegen Gottes, bei aller *Schuld* ist ein Zurückkommen nicht nur möglich, sondern willkommen[8]. Durch sein Kreuz – hier pars pro toto *sein Angst und Todespein* – hat Christus uns *verglichen*, zur Übereinstimmung gebracht, versöhnt[9]. Das ist die Christologie dieser Strophe und (trotz Kürzung) die Mitte des ganzen Liedes. Die *viel größer*e Gnade bewirkt die Erlösung aus Schuld und Sünde, so groß diese immer sein mögen.

Die 6. Strophe beginnt beim Beter und weitet sich dann auf sein persönliches Lebensumfeld aus, die Feinde eingeschlossen; das ist bemerkenswert in einem Lied aus dem 30-jährigen Krieg. *Lass mich diese Nacht empfinden* meint kein Ruhegefühl, sondern einen Zustand; das Wort ist noch nicht so abgeschliffen wie in späterer Zeit. Dem Verschwinden des Übels korrespondiert das Wirken des Segens, sicher auch in Hinblick auf Psalm 91,4 formuliert. *Leib und Seele, Mut und Blut* bilden einen Chiasmus: Wie zum Leib das Blut gehört, so der Mut zur Seele; gemeint ist das vollständige Leben, alles, was dazugehört. Entsprechend zählt der Dichter auch *Weib und Kinder* dazu als unmittelbare

[5] Auch an den *Abglanz Gottes* kann man denken (vgl. Hebr 1,3; Jes 60,3).

[6] Rist schreibt, Luther und seiner Bibelausgabe folgend, stets HERR (an das hebräische Tetragramm erinnernd).

[7] Rist schreibt *Da kanst du allein erretten / Straffe nicht mein Ubertretten*; daraus wird im EG *Du allein kannst mich erretten,/ lösen von der Sünden Ketten.* Während sich Rist auf Ps 6,2 f bezieht, vgl. Steiger, 2012 (s. Anm. 3), 240, erinnert die jetzige Fassung an EG 86,2: *nur mich Armen zu erretten / von des Teufels Sündenketten* (Ernst Christoph Homburg, 1659) – ein traditioneller Reim, dessen Psalm-Hintergrund verblasst ist.

[8] Steiger, 2012, 240 weist auf Lk 15,11–32 hin. – Sehr passend folgt in J. S. Bachs Matthäuspassion diese Strophe auf die Szene der Verleugnung des Petrus (Mt 26,69–75) und die „Erbarme"-Arie.

[9] Vgl. Steiger ebd. nach Grimm DWB 25, 451.

Familienangehörige, *Hab und Gut* als der äußere Rahmen, als Familie zu leben, dazu aber auch in einem Atemzug *Freunde, Feind und Hausgenossen*, die ebenso von Gott, dem Vater, bewahrt werden sollen. Diese Umsetzung der Aufforderung Jesu Christi, auch die Feinde zu lieben und ihnen wohlzutun (Lk 6,27), teilt Rist mit Luther, Johann Agricola und Johann Heermann[10].

Mit den Erfahrungen des 30-jährigen Krieges vor Augen – *Überfall, Pestilenz* –, aber auch mit der Erfahrung sonst auftretender Krankheiten und Katastrophen schließt der Dichter in der 7. Strophe[11], anhebend mit dem Stoßseufzer *Ach*, alle möglichen Nöte in eine große Bewahrungsbitte ein. Zu den *Leib und Seele verderben*den Schrecken (vgl. Mt 10,28) zählt er erneut die *Sünden.*

Die letzte Strophe besteht in einer trinitarisch entfalteten Bitte um Erhörung samt ausgeführtem *Amen.* Das *Kind* (vgl. Mt 7,7–9) spricht zum Vater. *Jesus*, zu dem das Herz des Beters steht, wird um *Schutz und Rat* angerufen. Der Heilige Geist wird als *Tröster* (Joh 15,26; vgl. EG 120 u. ö.) bekannt, der sich wie ein *Freund* zu dem Beter stellt. *Höre doch mein sehnlich Flehen* (vgl. Röm 8,26): das ist die letzte Bitte, darauf setzt der Beter das *Amen.*

Die Melodie – der Gattung nach eine Aria – hat Johann Schop dem Lied auf den Leib geschrieben. Sie verleiht dem trochäischen Versmaß etwas Leichtes oder *Munter*es, indem sie den beiden ersten Silben jeder Zeile zwei Achtel zuweist. So erhält nicht das Wort *Werde* den Akzent, sondern das Wort *munter*; das entspricht Rists Intention.

Leider hat sich diese Melodiefassung nicht durchgesetzt. In einem nicht mehr vorhandenen, aber als Quelle stets angeführten Gesangbuch der Böhmischen Brüder von 1661 findet sich die Melodie, wie sie auch im EG steht. Die Leichtigkeit des Alla-breve-Taktes

[10] Rist erwähnt *Feinde* ja schon in Strophe 2. Im Psalter ist der Feind derjenige, der von Gott abhalten will, der das Bekenntnis infrage stellt, der tobt, dem man wehren muss und den man bezwingen soll. Zu Luther vgl. sein Lied zu den Zehn Geboten EG 231,6, zu Agricola (Verfasserschaft ungesichert) EG 343,3, zu Heermann EG 495,4. Das Thema taucht im 19. Jh. wieder auf (Karl Bernhard Garve, EG 415,4) und dann erneut im 20. Jh. bei Martin Gotthard Schneider (EG 334,2).

[11] Die ursprünglichen Strophen 7–9 lauten: 7. *O du Liecht der frommen Seelen / O du Glantz der Ewigkeit / Dir wil ich mich gantz befehlen / Diese Nacht und allezeit / Bleibe doch mein Gott bey mir / Weil es nunmehr tunckel schier / Da ich mich so sehr betrübe / Tröste mich mit deiner Liebe. 8. Schütze mich fürs Teuffels Netzen / Für der Macht der Finsternis / Die mir manche Nacht zusetzen / Und erzeigen viel Verdrieß / Laß mich dich O wahres Liecht / Nimmermehr verlieren nicht / Wenn ich dich nur hab' im Hertzen / Fühl' ich nicht der Seelen Schmertzen. 9. Wenn mein' Augen schon sich schliessen / Und ermüdet schlaffen ein / Muß mein Hertz dennoch gefliessen / Und auff dich gerichtet seyn / Meiner Seele mit Begier / Träume stets O Gott von dir / Daß ich fäst an dir bekleibe / Und auch schlaffend dein verbleibe.*

ist dahin, der 4/4-Takt hat die Herrschaft übernommen. Die Schops Melodie bestimmenden zwei auftaktigen Achtel werden durch Viertel (oder durch ein Viertel und zwei Achtel bzw. durch eine punktierte Viertel und eine Achtel) ersetzt. Der erste Akzent liegt auf *Werde*[12]. Aus der Aria ist ein Gemeindelied geworden. Dem wurde auch durch Transponierung Rechnung getragen: Aus G-Dur wurde Es-Dur.

Dennoch lässt sich die Melodie gut singen, wenn sie nicht zu gemächlich intoniert wird. Kleine Intervalle bestimmen den Charakter. Beginnend auf der (grundtonbezogenen) Terz wandert die Melodie zur Quinte, dann in kleinen Schritten abwärts, um – mit ähnlichem Anlauf – zum Grundton zu führen. In parallel gestalteten Melodiezeilen – analog zu den Binnenversen des Textes – wird das Motiv zunächst auf *f*, dann auf *As*, schließlich auf *B* bezogen (Dominante), bevor es wieder nach *Es* (Tonika) findet. Die Melodie schwingt leicht, die Punktierungen halten sie davon ab, statisch zu werden. Die beiden Sprünge von *b* zu *es* (*und ihr Sin-ne* und *treu be-hü-tet*) verstärken den Eindruck von Munterkeit und Leichtigkeit, ebenso die beiden Viertel (das zweite unbetont!), mit denen die 1., 3., 7. und 8. Zeile enden. Das Versmaß des Dichters und das Empfinden des Melodisten nehmen nicht nur dem Endton, sondern dem ganzen Lied alle Schwere.

Siegfried Meier

[12] Der Anfang der Melodie ist ähnlich gebaut wie *Straf mich nicht in deinem Zorn* bzw. *Mache dich, mein Geist, bereit* (EG 387).

496 Lass dich, Herr Jesu Christ

Text

Verfasser Johann Heermann **Quelle** *EXERCITIUM PIETATIS, Ubung der Gottseligkeit. Das ist: Inbrünstige Seuffzer, andächtige Lehr= und Trostsprüchlein für die liebe Jugend* (Johann Heermann), Breslau 1630 **Überschrift** *DOMINICA V. POST TRINITATIS* **Ausgaben** FT I,365; MöllerQ **2000**, 142 f **Strophenbau** A13/6a- A13/6a- A12/6b A12/6b **Abweichungen** ursprünglich ein 16-zeiliges Gedicht mit lateinischen Distichen (V. 1 f „Conscendat tua, Christe …" und V. 7 f „Quaere Deum verbumque Dei"); EG 496 verwendet nur die Verse 3–6 * 1,3 ohn dich *richt gar nichts* **Verbindung TM** in der Q ohne M

Melodie

s. *O Gott, du frommer Gott* (EG 495, Zweite Melodie)

Literatur

HEKG (Nr. 171) I/2, 292 f; III/1, 554.556 f; Sb, 261 f; HEG II, 135–137 ** ThustB, 408/Nf, 386; ThustL II, 448 f ** RößlerL (²2001) 359 f ** Sauer-Geppert **1984**, 128

In seiner Liedersammlung von 1630 hat Heermann zu allen Sonntagsevangelien Gedichte geschrieben, die einzelne Gedanken der betreffenden Bibeltexte aufnehmen, sie pädagogisch ausleuchten und „für die liebe Jugend" als „andächtige Lehr- und Trost-Sprüchlein" oder als „Gebetlein" bereitstellen. Sie dienen der Vertiefung der Predigt und sind in der poetischen Form des Alexandriners[1] abgefasst. Der Text, der dem Lied zu Grunde liegt (Lk 5,1–11), ist dem 5. Sonntag nach Trinitatis zugeordnet. Die vorliegende Strophe aus vier Alexandrinern wurde später von Heermann selbst und von anderen durch weitere Strophen erweitert. In den Gesangbüchern durchgesetzt hat sich nur die Eingangsstrophe *Lass dich, Herr Jesu Christ.*

Darin übernimmt Heermann zunächst die Vorstellung vom Wohnen Gottes im Haus und in den Herzen (Ps 127,1; Eph 3,17), danach geht der Dichter näher auf das Evangelium für den 5. Sonntag nach Trinitatis ein (Petri Fischzug Lk 5,1–11). In der Ausgabe von 1644 fügt er in einer weiteren Strophe, die nicht ins EG aufgenommen wurde, Verse hinzu, die die Bildersprache dieser Perikope aufnehmen. Das lag nahe, denn sein Wirkungsort Köben (pln. Chobienia) liegt direkt am Ufer der Oder.

[1] In jedem Vers 6 Hebungen und nach der dritten ein Einschnitt. – Der Alexandriner wurde vor allem von Martin Opitz (1597–1639) populär gemacht.

Wer Christum in sein Schiff auffnimbt / und liebt sein Wort:
Der wird gesegnet sein und selig hier und dort.
...
Herr Christ, steig in mein Schiff / Dir steigt der Segen nach;
Wo Du nicht bist / da ist nur Schad und Ungemach.

Der Dichter versetzt damit die Szene am See Genezareth in die menschliche Seele. Das Schiff, in das Jesus einsteigen soll, ist das *Haus und Herz* des Beters. Alle Arbeit und Mühe der Fischer ist nach Lukas 5 erst auf das Wort Jesu hin von Erfolg gekrönt worden. Trotz des erfolglosen nächtlichen Fischzuges werfen sie erneut die Netze aus und fangen eine große Menge Fische. So wird auch der Mensch in seinem Leben ohne die Gnade Jesu und seinen Segen „nichts ausrichten" (V. 3), trotz aller Arbeit, aller Mühe und allem Können (*Kunst*). Der Gedanke vom Segen für das Haus war der Anlass dafür, dass dieses Lied im EKG 171 unter die Ehestandslieder (Die Trauung) gezählt wurde.

Die Strophe bittet Christus, das Gebet nicht nur zu erhören, sondern sich auch zum Handeln zu entschließen. Das gibt der Bitte eine Dringlichkeit, die zu weiteren Bitten anregt und zu einer Erweiterung sowohl durch den Dichter selbst als auch durch andere. Die Strophe Heermanns wurde verschiedentlich als Zusatzstrophe in andere Lieder eingefügt, etwa in *Nun danket alle Gott*[2] oder in *Stell dich, Herr, wie du willst, ich fahre fort mit Schreyen.*[3]

Der pietistische Gesangbuch-Autor und -Verleger Andreas Luppius hat unsere Strophe und fünf weitere Alexandriner-Strophen aus Heermanns „Exercitium pietatis" in das Lied *Nun danket alle Gott* eingefügt.[4] Seine Erweiterungen sind von zahlreichen anderen Gesangbüchern aufgenommen worden. Das zeigt, wie beliebt die Gedichte Heermanns sowohl bei Pietisten als auch bei orthodoxen Lutheranern gewesen sind und wie sie die Frömmigkeit der Menschen geprägt haben.

Das Lied wird meist auf die Melodie *O Gott, du frommer Gott* (EG 495 II) gesungen. Dazu gesellten sich weitere Melodien, die zum Versmaß des Alexandriners passen. Eine geht auf eine Arie Adam Kriegers zurück.[5] Im neuen Gesangbuch der Selbständigen evangelisch-lutherischen Kirche (766) wird die Melodie Adam Kriegers unserem Lied *Lass dich, Herr Jesu Christ* beigegeben.

Wolfgang Herbst

[2] J. Olearius, Ev. Liederschatz 1707, I, 46; Schemelli, Musicalisches GB, 1736, Nr. 416.

[3] Danziger GB 1768, Nr. 896, 2.

[4] Andreas Luppius, A&Ω Andächtig Singender Christen-Mund, Das ist: Wahrer Kinder Gottes Geheiligte Andachten, Wesel, Duißburg, Franckfurt, 1692, 171 (KLL II, 22).

[5] „Seit dass der Tugend Pfad hat Herkules betreten" (Ariensammlung 1657, „Das Erste Zehen" Nr. VI.).

515 Laudato si

EG 515 RG 529 CG 919

Text

Verfasser Winfried Pilz **Entstehung** 1974 **Vorlagen** Sonnengesang des Franz von Assisi 1225 (Kv), Dan 3,57–82 (Str. 1–5) **Quellen** [(a): *Mitteilungsblatt „Fakten" der katholischen Jugend im Erzbistum Köln Dezember 1975 (Nr. 6)*] * (b) Winfried Pilz: Dies & Das aus meiner Liederwerkstatt, Düsseldorf 1997 **Strophenbau** 11/5×$_1$- 11/5×$_2$- 11/5×$_3$- R: 11/5×$_4$ **Abweichungen** 1,1 *für alle deine Werke;* 2,3 Jahre und *Sekunden*; 5,1 du läßt die Vögel *kreisen*; 5,2 *wenn sie am Morgen singen* * RG, CG: 1,1 gepriesen *für alle deine Werke!*; 2,3 Jahre und *Sekunden* **Verbindung TM** (b) wie EG * alternative Melodie in: Lieder der Mariapoli, Neue-Stadt-Verlag München 1975 (abgedruckt in Quelle b)

Melodie

Verfasser Wilfried Pilz **Vorlage** mündlich aus Italien **Incipit** 11_11_ **Quellen** wie Text Quelle (b) **Besonderes** Str. und Kv simultan singbar **Ambitus** G: 8; Z: Kv:13b33b2 Str: 4442 Kv (Schluss): 13b33b4 **Abweichungen** Pilz: Kv T. 1, 3, 5, 7: statt Viertelnote und Viertelpause je Halbenote; Kv beginnt und wird wiederholt, in Kasten 1 leiten zwei Achtel *e' fis'* zur Silbe *(Signo)-re* in die Wiederholung über, Kasten 2 = Strophenbeginn wie EG; eine Bemerkung bietet an: „Der Kehrvers wird zu den Strophen immer weiter gesungen. Das lange Lied wird ‚kürzer', wenn zwei Gruppen sich in den Strophen abwechseln und diese unmittelbar aufeinander folgen lassen, während dann die jeweils andere Gruppe den Kehrvers aufnimmt." Am Schluss der Strophe „D. C. al Fine" – Fine steht in Kasten 1 über der letzten Note *fis'* – gibt es keinen Hinweis auf ein anschließendes Amen wie im EG. Es folgt die Bemerkung: „Da die letzte Strophenzeile dazu verleitet, zu ‚fetzig' gesungen zu werden, ist eine schlichtere Alternative denkbar:" Hier ist die Schlusszeile in Noten abgedruckt, der letzte Takt weicht folgendermaßen vom EG ab: 2 Viertel *h'*, punktierte Viertel *h'* mit angebundener Achtel *a'* zum Wort *wun-der-bar* (ohne „Herr") * RG, CG: Kv T. 1, 3, 5, 7: statt Viertelnote und Viertelpause je Halbenote; Kv beginnt, dann Strophe mit Kv als ausgeschriebener Oberstimme (statt Wiederholung nach jeder Strophe), dazu in der Oberstimme *(Signo-)re* statt *Signor* mit zwei Achteln *e' fis' (-re)* zu den ersten beiden Noten der Str. *(Sei ge-)*; Kv am Schluss statt Amen: Achtel Viertel Achtel Halbe je *g' (o mi Si-gnor!)* **Verbindung MT** wie EG

Literatur

HEG II, 97 mit Ergänzungen von Wolfgang Herbst in JLH 53 (2014) 253 und 58 (2019) ** ThustB, 420/Nf, 398; ThustL II, 489–491 ** Ritter, Adolf Martin: „Gepriesen seist du, mein Herr, für unsere Schwester, die Mutter Erde …" Der Sonnengesang des Franziskus von Assisi im Lichte der altkirchlichen und frühmittelalterlichen Tradition, in: Gerhard Rau/ Adolf M. Ritter/ Hermann Timm (Hg.): Frieden in der Schöpfung. Das Naturverständnis protestantischer Theologie, Gütersloh **1987**, 92–110 * Jung-Kaiser, Ute: Zur Spiritualität und Ästhetik des „Sonnengesangs" – eine Einführung, in: Dies. (Hg.): „Laudato si, mi Signore, per sora nostra matre terra". Zur Ästhetik und Spiritualität des „Sonnengesangs" in Musik, Kunst, Religion, Naturwissenschaften, Literatur, Film und Fotografie, Bern **2002**, 15–36 * Dies.: „... der braune Bruder deiner Nachtigallen". Die heilige Verrücktheit des Franz von Assisi, GAGF 20 (**2006**) 19–30 * Dies.: Der Lobgesang der Geschöpfe: singbar gemacht – variiert – zersungen. Beispiele aus dem 20. Jahrhundert, ebd. 95–100 * Lähnemann, Johannes: Ich singe dir mit Herz und Mund. Liedpredigten II, Nürnberg **2009**, 39–39 * Lenz, Matthias: Laudato si – nach dem Sonnengesang des Franz von Assisi? Das gecoverte Cover, in: Marion Keuchen/ Helga Kuhlmann/ Martin Leutzsch (Hg.): Musik in Religion – Religion in Musik, Jena **2013**, 271–289 * Florin, Christine: Denn du bist wuhundeherbar, Herr, in: DIE ZEIT Nr. 25/**2015** (https://www.zeit.de/gesellschaft/zeitgeschehen/2015-06/papst-franziskus-umwelt-enzyklika-laudato-si; abgerufen am 25.2.2019) * Fischer, Michael „Laudato si". Das Lob der Schöpfung in der Endlosschleife, MuK 90 (**2020**) 240f

Ungewöhnlich sparsam lauten die Angaben zu *Laudato si*: „T: nach dem italienischen Sonnengesang des Franz von Assisi 1225, M: mündlich überliefert." Den Autor und die Entstehungszeit eines der wohl bekanntesten religiösen Lieder der Gegenwart verschweigt das EG. Deutlich auskunftsfreudiger ist das RG (Nr. 529): „T: Winfried Pilz (1974) 1975 (Str. 1–5 mit Bezug auf Dan 3,57–82) und aus dem Sonnengesang des Franz von Assisi 1225 (*Kv*); M und S: mündlich überliefert."

Autor des Liedes ist Winfried Pilz (1940–2019), ehemaliger Rektor des Hauses Altenberg, des traditionsreichen Stützpunkts der katholischen Jugendbewegung, und Leiter des Kindermissionswerkes „Die Sternsinger". Im Sommer 1973 besuchte der katholische Geistliche einen internationalen Kurs im Centro Pio XII bei Rocca di Papa in Rom. „Bestandteil dieses Kurses waren morgens 7.30–8.30h meditative Übungen, meistens auf dem Boden liegend. Mitten in dieses ‚Eintauchen' in die Tiefen der Sammlung hinein meldete sich regelmäßig längere Zeit Punkt 8 Uhr im – sehr halligen – Raum darüber eine muntere italienische Gruppe, die dann Eucharestie (!) feierte. Zu ihrem Standardrepertoire gehörte jeweils das laut geschmetterte und endlose ‚Laudato si', das sich, gestützt durch meditative Disposition, unvergeßlich bei den ‚Darunter' liegenden, also auch mir einprägte."[1] Im folgenden Jahr habe ein Freund, Bernhard Strobl aus Salzburg, ihm den Refrain und die erste Strophe („e per quelle le tue creature") auf einen kleinen Fetzen Papier geschrieben, sodass er die Struktur des Liedes mitnehmen konnte. Recht spontan habe er die Verse verfasst, das Ganze aber ein Jahr lang in die Schublade gelegt. Erst beim Altenberger Pfingsttreffen im Jahr 1975 sei das Lied zum Einsatz gekommen und „förmlich explodiert".[2]

Um welche italienische Fassung des Sonnengesangs es sich bei dem Lied der Jugendgruppe handelt, lässt sich nicht mehr rekonstruieren. Die Angabe, dass die Melodie von *Laudato si* „mündlich überliefert" sei, muss genügen. Auffällige melodische, rhythmische und harmonische Parallelen bestehen zu einem gleichnamigen Lied aus der Fokolar-Bewegung, auf das Winfried Pilz selbst in seinem Liederbuch „Dies & Das aus meiner Liederwerkstatt" hinweist.

[1] Aufzeichnungen von Winfried Pilz vom 3.1.1998, zitiert nach: Lenz 2013, 274.

[2] Winfried Pilz, private Korrespondenz mit der Verfasserin vom 22.1.2019.

Die Unbestimmbarkeit einer Originalmelodie teilt das Lied mit seiner Vorlage, dem *Cantico delle creature* bzw. *Canticum fratris solis*, dem „Lobgesang der Geschöpfe" des Franz von Assisi (1181/82–1226), der unter dem Titel „Sonnengesang" bekannt geworden ist und als älteste volkssprachige Dichtung Oberitaliens gilt. Franziskus dichtete und komponierte sein Loblied auf Gott, den Schöpfer und Erhalter der Welt, im Jahr 1225 kurz vor seinem Tod. Dieses gesungene Gebet des „erstaunlichsten Verrückten der Welt"[3], wie Franziskus schon in einer frühen Legende bezeichnet wird, lässt „ein für uns unvorstellbar tiefes Gespür für Gottes immanente Gegenwart in der Schöpfung"[4] erahnen.

Lediglich der Kehrvers von *Laudato si* entstammt jedoch unmittelbar dem *Cantico delle Creature*, wobei Pilz ein emphatisches *o* vor *mi signore* einfügt. Die Aufforderung zum Lob Gottes wirkt formgebend: In neun Strophen wird Gott insgesamt 76 Mal gepriesen – 40-mal mit *laudato si* und 36-mal mit *sei gepriesen* beginnend. Die Strophen greifen zwar Schlüsselwörter des franziskanischen Hymnus auf, weichen jedoch – im Unterschied zu anderen Liedern, die auf den „Sonnengesang" Bezug nehmen[5] – insgesamt stark davon ab.

Winfried Pilz erklärt: „Genaugenommen habe ich die Strophen nicht nach dem ‚Sonnengesang' getextet, sondern in Anlehnung an den Lobgesang der drei jungen Männer im Buch Daniel"[6]. Eine wichtige Vorlage für *Laudato si* ist der „Gesang der Jünglinge im Feuerofen" (Dan 3,57–82), jenes Loblied auf Gott, das drei junge Männer als Dank für die Errettung aus dem Martyrium des Feuers auf Gott anstimmen und dem der Sonnengesang inhaltlich nahesteht. Der apokryphe bzw. deuterokanonische Text Daniel 3,57–83 ist nicht im hebräischen Tanach, sondern nur in der Septuaginta und dann in der Vulgata enthalten. Er kommt im Morgenlob des katholischen Stundengebetes vor. Winfried Pilz war mit Daniel 3 seit Schulzeiten vertraut, da „am Ende der Schulgottesdienste, parallel zum Lateinischen ‚da vorn' von der Orgelbühne herab, meistens der ‚Lobgesang der Jünglinge' vorgelesen wurde, der sich dann beim Texten [von ‚Laudato si'] aus dem Gedächtnis wieder einstellte."[7]

Die auffälligste Parallele zwischen *Laudato si* und Daniel 3 ist die in den Strophen ständig wiederkehrende Wiederholung von *sei gepriesen*: Jeder Vers des „Gesangs der Jünglinge" beginnt mit *Preist den HERRN*, es folgt die direkte Anrede an die „Werke des Herrn", sowie die Schlussfloskel *lobt und rühmt ihn in Ewigkeit*. Dort finden sich – wie in *Laudato si* auch – Sonne und Mond, Sterne am Himmel, Regen und Tau, Winde und verschiedene Wetterphänomene, Nächte und Tage, Licht und Dunkel, Berge und

[3] Franziskus wird in Nr. 18 der Textsammlung von Perugia (Compilatio Assisiensi degli Scritti di fr. Leone e Compagni su S. Francesco d'Assisi. Edizione integrale dal Ms. 1046 di Perugia, Porziuncola 1975) als „novissimus pazzus in hoc mundo" bezeichnet.

[4] Nicolaas G. M. van Doornik, Franz von Assisi. Prophet und Bruder unserer Zeit, Freiburg u. a. 1977, 164.

[5] Vgl. z. B. GL (Österreich) Nr. 864, Melodie nach der Filmmusik zu „Fratello sole sorrella luna" von Riz Ortolani, GL Nr. 466 und EG 514; „Sonnengesang / Du allerhöchster" (Pilz, Dies & Das, Nr. 20, 42–43) und „Ein Lied, das um die Erde zieht" (Pilz, Aachner Sternsinger-Heft zur Sternsingaktion 2017).

[6] Pilz, Aufzeichnungen vom 3.1.1998, zitiert nach: Lenz, Laudato si, 281.

[7] Pilz, Private Korrespondenz mit der Verfasserin.

Hügel, Gewächse, Quellen, Meere und Flüsse, es tummeln sich die Tiere des Meeres, Vögel am Himmel, wilde und zahme Tiere und zuletzt auch die Menschen. Die Vorgehensweise, das Lied *Laudato* si am „Sonnengesang“ zu messen, um es daraufhin aufgrund von Vereinfachung und Reduktion zu diskreditieren, darf vor diesem Hintergrund zumindest hinterfragt werden.

Die ersten sechs Strophen von *Laudato si* erinnern inhaltlich an die Schöpfungspsalmen und den Schöpfungsbericht 1. Mose 1, ohne jedoch dessen Abfolge zu übernehmen. Der Lobpreis gilt in Str. 1 den Himmelskörpern, Meer und Kontinenten. Es folgen in Str. 2 die Gegensatzpaare *Licht und Dunkelheiten* – ob der Plural aus metrischen Gründen gewählt wurde oder auch metaphorische Dunkelheiten implizieren soll, sei dahingestellt – und in chiastischer Verschränkung dazu *Nächte und Tage*. Ebenso im Zusammenhang mit Sonne und Mond stehen *Jahre und Gezeiten*, worin die heute gebräuchliche und im EG abgedruckte Fassung von einer ursprünglichen und in diesem Fall schlüssigeren Version von Winfried Pilz abweicht, welche Gott für *Jahre und Sekunden* preist. Die dritte Strophe nimmt Bezug auf verschiedene Wetterphänomene, Wolken, Wind und Regen, deren positive Folgen – das „Springen“ der Quellen und das Reifen dessen, was auf den Feldern wächst – dem Wirken Gottes zugeschrieben werden. Die ersten drei Strophen weisen die größte Ähnlichkeit mit der Vorlage des „Sonnengesangs“ auf: Der Lobpreis Gottes durch *Bruder Sonne, Schwester Mond und die Sterne, Bruder Wind, Luft und Wolken und heitern Himmel und jegliches Wetter* sowie durch *Schwester Wasser* findet in *Laudato si* eine Entsprechung, ohne dass hier jedoch die Geschwisterlichkeit und quasi familiären Beziehungen der Geschöpfe Gottes zur Sprache kämen, die im „Sonnengesang“ die Verantwortung des Menschen vor der Schöpfung unterstreichen. Auch fehlen die wertschätzenden Attribute der Geschöpfe (der *edle Herr*, Bruder Sonne, ist *schön* und *strahlend mit großem Glanze*, ein *Sinnbild des Höchsten*; Schwester Mond und Sterne sind *klar und kostbar und schön* …).

Die Strophen 6–9 gehen über beide Vorlagen hinaus. Ausgehend vom sechsten Schöpfungstag und der Erschaffung des Menschen als *Bild der Liebe* (Str. 6) zeigt Pilz eine universale, globale Perspektive auf, wenn Gott *für jedes Volk der Erde* gepriesen wird. Weiter dichtet Pilz einen Gesamtabriss des Christusgeschehens: von der Menschwerdung Gottes, durch die Jesus *unser Bruder* (Str. 7) wird – allein hier findet sich die Familienanalogie aus dem „Sonnengesang“ –, über seine Verkündigung hin zu Tod und Auferstehung (Str. 8). Auch werden die Singenden in das Christusgeschehen hineingenommen, wenn Pilz zweimal von der Du-Anrede Gottes zum „Wir“ wechselt: Als Getaufte tragen wir *seinen Namen* und werden dereinst mit ihm auferstehen: *du öffnest uns die Zukunft. Sei gepriesen, in Ewigkeit gepriesen.*

Die Melodie folgt einem einfachen Schema: Der Kehrvers wird viermal auf dasselbe 2-Takt-Pattern gesungen, harmonisch lässt sich eine I – VI – IV – V-Folge unterlegen, wie auch im RG explizit angegeben. Charakteristisch ist der synkopierte Rhythmus, dem im zweiten Takt zwei pendelnde Achtelpaare folgen. Kehrvers und Strophen lassen sich simultan singen, was das RG durch Notation in einem doppelten System kenntlich macht. Die Strophe nimmt sowohl den synkopierten Rhythmus des Kehrverses als auch das Pendeln zwischen den Tönen *fis'* und *g'* auf und wiederholt dreimal dieselbe melodische 2-Takt-Formel. Beinahe schlagerhaft wird das zusammenfassende *sei gepriesen, denn du bist wunderbar, Herr* dominantisch gesetzt. „Fast peinlich" wirke das „‚mäandrierende' ‚wun-der-bar' am Schluss jeder Strophe"[8]. Winfried Pilz bietet in seinem Liederbuch dazu eine „schlichtere" Alternative an, da die letzte Strophenzeile dazu verleite, „zu ‚fetzig' gesungen zu werden".

Seinen Durchbruch hatte das 1974 gedichtete Lied beim Altenberger Pfingsttreffen 1975. Gedruckt wurde es erstmals im Mitteilungsblatt „Fakten" der katholischen Jugend im Erzbistum Köln in der Ausgabe vom Dezember 1975 (Nr. 6).[9] Die Feierlichkeiten zum 750. Todestag des Franz von Assisi im Jahr 1976 sowie ein sich gesellschaftlich immer stärker formierendes Umweltbewusstsein und die spirituelle Aufbruchsstimmung nach dem Zweiten Vatikanischen Konzil (1962–1965) taten ein Übriges, um dem Lied zum durchschlagenden Erfolg zu verhelfen. Verbreitung fand der ökumenische „Gassenhauer" durch Kirchentage (Liederheft von Hamburg 1981) und Katholikentage (Liederheft zum Düsseldorfer Katholikentag 1982). Neben dem EG und dem RG findet sich *Laudato si* u. a. auch im deutschen altkatholischen Gesangbuch „Eingestimmt" (Nr. 659) und im Gesangbuch der Christkatholischen Kirche der Schweiz (Nr. 919). In Tschechien ist eine Übersetzung des Liedes von Winfried Pilz in die Landessprache bekannt. Mehrere Jahrzehnte lang prägte *Laudato si* maßgeblich Religionsunterricht, Jugendgruppen und Freizeitlager. Bis in die Charts schaffte es eine Verballhornung des Liedes durch Mickie Krause.

Heute ist es etwas stiller geworden um *Laudato si*, das auch abgesehen von Regionalteilen (z. B. Würzburg Nr. 809) nicht ins neue katholische Gesangbuch „Gotteslob" aufgenommen wurde. Kritisiert wird die Einförmigkeit des Liedes in melodischer und textlicher Hinsicht. Als umso „trauriger" empfindet Ute Jung-Kaiser „das Faktum, dass dieser ‚Schlager' bis heute so vielen Kindern und Jugendlichen beigebracht, von ihnen dann immer wieder begeistert gesungen wird und so seit den frühen 1980er Jahren eine Beliebtheit gewann wie kaum ein anderes religiöses Lied."[10] Karl-Christian Thust weist auf den „Zwiespalt zwischen kritischer hymnologischer Beurteilung und empirisch erfolgreicher Praxis" hin: „Einerseits verbietet sich für Kirchenlieder um der Sache willen eine Banalisierung, andererseits erfordern seelsorgerliche Motive ein Zugehen auf die Menschen und ihre Bedürfnisse."[11] Ob es sich tatsächlich um eine „Banalisierung" oder aber eher um eine begrüßenswerte „Elementarisierung" handelt, sei den Singenden überlassen. Eine Stärke des ökumenischen Liedes besteht sicherlich darin, allen Menschen das Mitsingen zu ermöglichen und voraussetzungslos ins Gotteslob einstimmen zu können, ohne den Text im Einzelnen zu kennen. Die Erfolgsgeschichte von *Laudato si* spricht für sich. Auch wenn die Hochzeiten von *Laudato si* wohl einstweilen vorüber sind, ist doch die Grundbotschaft, wie nicht zuletzt die gleichnamige Umweltenzyklika von Papst Franziskus zeigt, von bleibender Aktualität.

Dorothee Bauer

[8] Jung-Kaiser, Der Lobgesang der Geschöpfe, 2006, 97.
[9] Lenz 2013, 274.
[10] Jung-Kaiser, Lobgesang der Geschöpfe, 97.
[11] ThustL II, 481–482.

522 Wenn mein Stündlein vorhanden ist

EG 522(ö) RG 773(ö)

Text

Verfasser Nikolaus Herman **Entstehung** 1560 (vgl. Vorrede zu Quelle a) **Quellen** (a) *Die Historien von der Sindfludt* (Nikolaus Herman), Wittenberg 1562 (DKL 1562⁰³)[1] * (b) *Drey Schöne Geistlicher Lieder Wie sich ein Christ in seinem letzten Ende tröste,* Köln 1574[2] * (c) Str. 5: *Geistliche Lieder und Psalmen/ nach ordnung der Jahrzeit/ mit Collecten und Gebeten.* Leipzig 1582[3] **Überschrift** (a) *Ein geistlichs Lied/ darin man bitt vmb ein seliges Stündlein/ Aus dem Spruch Augustini: Turbabor, sed non perturbabor, Quia vulnerum Christi recordabor. Im Thon/ wie von der Sindflut/ oder/ Es ist das Heil vns kommen her.* * (b) *Im thon/ Herr Christ der einig Gottes Sohn/ Vatter etc.* * (c) *Ein ander Lied.* **Ausgabe** W III,1414 f **Strophenbau** A8/4a A7/3b-, A8/4a A7/3b-, A8/4c A8/4c A7/3×- vgl. Frank 7.7 **Abweichungen** (a) 1,1 *furhanden* ist; 3,3 *ungescheiden* bleibt; 3,4 in *Todesnöthen* * (b) 1,1 *Wann* mein; 1,2 soll *faren* mein *strassen*; 1,4 *du wirst mich nicht verlassen*; 2,6 Herr *Christe deine* Wunden; 3,1 ein *Gleidt auß* deinem; 3,3 *ungescheiden blieb*; 3,6 ein *ewiges*; 4,4 *den todt kanst du*; 4,6 bei dir *leben will;* 4,7 *darumb farhin* mit; 5,1 *Ich* fahr *dahin*; 5,2 *meine hendt thue* ich; 5,6 *uns Chor unnd tempel auffthun*; 5,7 *einlassen zu dem Ewigen* Leben; nach 5: 6. *Da nu Elias seinen lauff*; 7. *Mit Leib unnd Seel er dahin fuhr*; 8. *Elias auf dem Berge war*; 9. *Elias vor dem Jüngsten Tag*; 10. *Ist nun die stundt meins Todts nicht weit*; 11. *Wer ist der uns disen Reien sang* * RG: 1,2 zu *fahren*; 1,3 geleit *du mich*; EG Strophe 2 fehlt; 4,4 *kann Todesfurcht* vertreiben; EG Strophe 5 fehlt **Verbindung TM** in (a) ohne N, aber mit zwei Melodiehinweisen (s. Überschrift), mit dem ersten ist gemeint *Ich nahm mir vor in meinem Mut von der Sintflut zu singen* (Z III,4477a; DKL III/1,A309), mit dem zweiten EG 342 * (b) ohne N, zur Melodieangabe in der Überschrift s. EG 67 * (c) ohne M * weiterer Text-Melodieverweis: *Aus tiefer Not schrei ich zu dir* (s. EG 299; verbunden auf einem Flugblatt um 1600) * eigene Melodien 1565–1655: Z III,4482a–91, 4497b darunter Straßburg 1565 (Z III,4483; DKL III/1,A320); Leisentrit 1567 (B II,332; DKL III/1,A383); Steier 1583 (Z III,4497b; DKL III/3,A295A); Görlitz 1585 (Z III,4484; DKL III/3,C81); Dresden 1593 (Z III,4486; DKL III/3,C81A); Eisleben 1598 (Z 4485; DKL III/4,C81B), Gesius 1601 (Z III,4487; DKL III/4,C81C)

Melodie

Incipit 1_-5-6-71231_ **Quellen** (a): *Kirchen-Gesäng / Aus dem Wittenbergischen / vnd allen andern den besten Gesangbüchern*, Frankfurt am Main 1569 (DKL 1569⁰⁴⁻⁰⁶) * (b) *Außerlesne Reine Geistliche Lieder vnnd Psalmen*, Tübingen 1591 (DKL 1591¹⁰) **Ausgaben** Z III,4482b; B II,332a; DKL III/1.3,Em 6 **Ambitus** G: 8; Z: 6353567b **Abweichungen** (a): ¢; Quarte tiefer; nach Z. 1–5 Halbepause; Z. 1 N 3 *f'*; Z. 2+4 N 3 *b'*; Z. 3+5 N 6–7 (*Je-su/letz-ten*) *a' f'*; Z. 6

[1] Digitalisat: Staatsbibliothek zu Berlin.
[2] Digitalisat: Staatsbibliothek zu Berlin.
[3] Digitalisat: Staatsbibliothek zu Berlin.

N 5: *g'*; Z. 7: Viertelpause, dann in Vierteln *c'(du) f'(wöllst) g'(sie) a'f'(mir)*, punktierte Viertel mit Achtel *e'd'(be-)* Halbe *g'(-wa-)* Ganze mit Fermate *f'(-ren.)* * (b): ¢; Oktave tiefer; Z. 1/2 werden wiederholt; Z. 2/4 N 4 und 5 Halbe, N 7 Ganze; Z. 5 N 2 *b'*; Z. 7 N 3 *f'*, N 9 Doppelganze * RG: ¢ **Verbindung MT** (a+b): wie EG

Literatur

HEKG (Nr. 313) I/2, 466 f; III/2, 335–337; Sb, 486 f; HEG II, 145–148 ** WGL1 VII, 289 f; ThustB, 429 f/Nf, 406; ThustL II, 509–511 ** DKL III (1993–2010)/1.3, Textbd. S. 160 f; RößlerL ([2]2001) 273–300, bes. 274 f. 296 f ** Bergmann, Bernhard: Werkbuch zum deutschen Kirchenlied, Freiburg i. Br. **1953**, 123 f * Sauer-Geppert **1984**, 83 * Scheffbuch, Beate und Winrich: Dennoch fröhlich singen. So entstanden bekannte Lieder (Bd. 2) Holzgerlingen [2]**2001**, 249–256 (bes. 255 f) * Lorbeer, Lukas: Die Sterbe- und Ewigkeitslieder in deutschen lutherischen Gesangbüchern des 17. Jahrhunderts, Göttingen **2012**, bes. 165; 331–334 (commendatio animae); 487 f (Elias Himmelfahrt)

Von Anfang an gehört Nikolaus Hermans Gesang zum Grundbestand der Rubrik „Vom Tod und Sterben" in den Gesangbüchern des Luthertums. Kaum ein Lied ist in dieser Abteilung so durchgängig vertreten wie dieses, geradezu ein ‚lutherisches Sterbelied schlechthin'.

Erschienen ist es 1562 in der zweiten von Hermans beiden großen Liedsammlungen, den „Historien von der Sintflut, Joseph, Mose, Elia, Elisa und der Susanna samt etlichen Historien aus den Evangelisten". Über Jahrzehnte hinweg hatte Herman (1500–1561) Lateinschülern im böhmischen Sankt Joachimsthal biblische Perikopen nahegebracht. In der einprägsamen Form des Liedes erkannte der Pädagoge dafür ein ideales Medium; er lag damit ganz auf Luthers Linie.

Das Gedächtnis als Speicherort für entscheidende Glaubensinhalte – diese Grundidee aus Hermans schulischer Praxis findet sich auch in dem Augustinus zugeschriebenen lateinischen Motto des Liedes wieder: „Turbabor, sed non perturbabor, quia vulnerum *Christi* recordabor".[4] Entscheidender Trost in der Todesstunde ist die Erinnerung an die Wunden Christi. Das Sterbelied hält diese Erinnerung wach – in der vorausgreifenden Sterbemeditation ebenso wie in der Sterbestunde selbst.

Herman wählt für sein Sterbelied die siebenzeilige ‚Lutherstrophe' (Reimschema: AbAbCCw)[5] und stellt sich damit auch formal in die Gefolgschaft der Reformation. Die Metrik scheint jambisch, allerdings werden die Silben eher gezählt (8-7-8-7 – 8-8-7) als gewichtet; diese „Tonbeugung" ist vor der Opitzschen Reform noch möglich und üblich. Entsprechend hat auch die jetzige Melodie keinen jambischen Charakter.

Der Text hat die Form eines von einem Ich an den *Herrn Jesus Christ* gerichteten Gebets. „Ich" und „Du" überziehen den Text mit einem dichten Netz von Bezügen. Die Überschrift „Ein geistlichs Lied, darin man bitt vmb ein seliges Stündlein" gibt den Duktus des Textes nur teilweise wieder: Ausdrücklichen Bittcharakter (Imperativ) hat

[4] Etwa: Ich werde in Unruhe geraten, aber nicht verzweifeln, denn ich werde mich an die Wunden Christi erinnern.

[5] Vgl. EG 273; EG 274; EG 299; ähnlich, allerdings auftaktig gedacht: EG 341; EG 342.

nur die erste Strophe; die Strophen 2 bis 4 bleiben beim „Du“ des Gebets, sind aber schon von getroster Gewissheit (Indikativ) bestimmt.

Der Text folgt in seinem Aufbau einem klaren Gedankengang: Str. 1 führt das Ich in die Situation der Sterbestunde hinein und formuliert die an Christus gerichteten Bitten. Str. 2 schildert die inneren Nöte des Ich, die dann durch die Erinnerung an Tod und Wunden Christi aufgefangen werden. Str. 3 beschwört die innige Nähe zum Du des Heilands, die in dessen eigenem Sterben begründet liegt, Str. 4 die österliche Hoffnungsperspektive. Erst später hinzugefügt (erstmals Köln 1574) wurde die Str. 5.

Strophe 1: Mit der Eingangszeile *Wenn mein Stündlein vorhanden ist* wird der Blick aus der eigenen Gegenwart auf eine künftige gerichtet. Das „Stündlein“, im Sinne eines „punktförmig zusammengezogene[n] zeitabschnitt[s]“, bezeichnet hier, einer verbreiteten Redeweise zufolge, den Augenblick des Todes.[6] Dabei klingt auch die johanneische Rede von der „Stunde“ Jesu an, die sich auf seine Passion und seinen Tod bezieht (Joh 7,30; 8,20; 13,1; vgl. Joh 12,23.27; 17,1). Dieses Geschehen ist auch für die „Ars moriendi“ von singulärer Bedeutung: Zum einen ist die Passion Vorbild für die Nachfolge des frommen Christen; zum anderen, und dies vor allem, ist das darin vollendete Heilswerk der tiefste Grund seines Trostes in der Anfechtung des Sterbens.

Mit der Betrachtung der Todesstunde rückt der Tod sehr konkret in den Blick – anders als in einer allgemeinen Betrachtung der Vergänglichkeit. Das Adverb *vorhanden*, zusammengezogen aus „vor Handen“, „zum Greifen nah“, bezeichnet die Gegenwart, die ‚Anwesenheit‘ dieses Augenblicks. Zu verstehen ist die Formulierung zunächst im Sinne eines unmittelbaren Bevorstehens, dann auch, wie hier, in dem Sinne, „dasz das zu erwartende nun wirklich da ist“.[7]

Str. 1,2 erläutert, was dem Ich in diesem Moment bestimmt ist (*soll*): *hinfahrn mein Straße*. Damit zitiert Herman die zweite Zeile von *Innsbruck, ich muss dich lassen* (und dessen Kontrafaktur *O Welt, ich muss dich lassen*, EG 521,1,2), aber auch Luthers *Mit Fried und Freud ich fahr dahin* (EG 519; vgl. Lk 2,29). Durch die Wiederaufnahme in Str. 4,7 und 5,1 erhält das Verb *hinfahrn* sowohl in Hermans als auch in der erweiterten Fassung eine rahmende Funktion.

Drei Bitten sind es, die das Ich an sein Gegenüber (*Herr Jesu Christ*) richtet. Die Bitte um Geleit (Str. 1,3) schließt an das Bild der *Straße* an; auch die Bitte um Hilfe (Str. 1,4) zeigt das Ich in seiner Bezogenheit auf den Erlöser. Die Bitte um Bewahrung (Str. 1,7) richtet sich auf das Heil der Seele: Damit sie keinen Schaden leidet, wird sie im Akt der ‚commendatio animae‘ in die Hände Jesu übergeben (Str. 1,5 f; vgl. Ps 31,6; Lk 23,46). Die Vorstellung von Christus als „Seelenführer“ („Psychopompos“) reicht bis in die frühchristliche Zeit zurück, wo sie aus entsprechenden paganen Kontexten übernommen wurde. Entsprechende Darstellungen finden sich in den Katakomben in Rom; etwa die christliche Adaption der paganen Schafträgerfigur wird in diesem Sinne gedeutet

[6] Vgl. DWB 20, 542 f; häufig sind adjektivische Spezifizierungen als „letztes, seliges, böses Stündlein“ (ebd.).

[7] Vgl. DWB 26, 1153–1163, hier 1158 f.

(Christus als guter Hirte mit dem Schaf im Nacken). Worum das Lied hier bittet, ist also Aufgabe Christi.[8]

Strophe 2: In futurischer Form nimmt die Strophe zunächst die Anfechtungen der Todesstunde vorweg (*kränken, nagen*). Ort der Anfechtung ist das *G'wissen*, ihre Ursache die *Sünd'* (vgl. ähnlich EG 82,1,1), die das Ich im Rückblick auf sein Leben in großer Zahl erkennt (*wie Sand am Meer*, vgl. apokryphes Gebet Manasses 9; vgl. auch EG 84,3,2 f).

Dem zum Trotz fasst es einen festen Vorsatz (zweimaliges *will ich*): Die Anfechtung soll nicht triumphieren, es will *nicht verzagen* (vgl. 2. Kor 4,8). Möglich wird dies durch das *Gedenken* an das Sterben Jesu, das in den *Wunden rot* bildlich vor Augen steht. Getrost spricht das Ich die Gewissheit aus: *die werden mich erhalten* (Str. 2,7; vgl. Jes 53,5).

Die zweite Strophe bietet insgesamt eine Paraphrase des lateinischen Mottos (s. o.); zugleich ist sie Einübung des rettenden „Gedenkens" für den ‚Ernstfall' der Todesstunde.

Strophe 3: Die Anfechtung ist überwunden, *Todesnot und Schmerzen* können dem Ich nichts anhaben. In einer Reihe von indikativischen Aussagen bringt es sein Vertrauen zum Ausdruck; Grund des Trostes (*des tröst ich mich von Herzen*) ist die Verbindung zu Christus. Dabei nimmt Herman auf Zentralsätze paulinischer Theologie Bezug: *Ich bin ein Glied an deinem Leib* (Str. 3,1) greift auf Römer 12,4 f und 1. Korinther 12,12 ff zurück (vgl. auch EG 70,3,4 f), nicht nur im persönlichen, durchaus auch im ekklesiologischen Sinne. *Von dir ich ungeschieden bleib* (Str. 3,3) spielt auf Römer 8,38 f an, *wenn ich gleich sterb, so sterb ich dir* (Str. 3,5) auf Römer 14,8. Abschließend wird der Zusammenhang zwischen dem Tod Jesu und dem, was das Ich durch ihn gewonnen hat, ausdrücklich benannt: *ein ewig Leben hast du mir / mit deinem Tod erworben* (Str. 3,6 f; vgl. Str. 5,6).

Strophe 4: Die letzte von Herman selbst stammende Strophe gibt dem Gedanken eine österliche Wendung: Die Stichwortverbindung *vom Tod* mündet in das Osterbekenntnis; die Parallele zwischen der schon vollzogenen Auferstehung Jesu und der Auferstehungsgewissheit des Ich wird kausal verknüpft: *Weil du vom Tod erstanden bist, werd ich im Grab nicht bleiben* (Str. 4,1 f; vgl. Röm 6,4; 1. Kor 15,20–22). Der Reihe der Heilsereignisse Passion und Ostern fügt Herman die Himmelfahrt an und betont auch ihre stärkende Wirkung im Sterben: *Mein höchster Trost dein Auffahrt ist,/ Todsfurcht kann sie vertreiben* (Str. 4,3 f). Zum Ausdruck der dauerhaften Nähe von Ich und Du rücken beide auch im Text zusammen: *denn wo du bist, da komm ich hin,/ dass ich stets bei dir leb und bin* (Str. 4,5 f; vgl. Joh 14,3). Zugleich wird das ‚Hinfahrn' des Anfangs (Str. 1,2) zum Abbild der ‚Auffahrt' des Erlösers und erhält so einen freudigen Akzent: *drum fahr ich hin mit Freuden* (Str. 4,7; vgl. zu *Freuden* Luthers EG 519,1,1). Diese Himmelfahrts-Aussage bildet den Abschluss und Höhepunkt des seligen Sterbens.

Wohl auch deshalb wurde das Lied in vielen alten Gesangbuchausgaben mit fünf Elia-Strophen von Herman kombiniert, die ebenfalls aus den „Historien" (Wittenberg 1562) stammen. Elias Himmelfahrt (2. Kön 2,11) wird hier als „beyspiel, trost vnd Figur" für die ‚Himmelfahrt' des sterbenden Christen betrachtet, freilich erst bezogen auf die Zeit der Wiederkunft Christi. Entsprechend tritt die zeittypische platonische

[8] Für den Hinweis auf die frühchristliche Christus-Ikonographie danke ich Ansgar Franz.

Vorstellung der Trennung von Leib und Seele ausdrücklich gegenüber der leiblichen Auffahrt des biblischen Berichtes zurück:

Mit Leib vnd Seel er dahin fuhr,
mit Fewrflammen vmbgeben,
Vns zum beyspiel, trost vnd Figur,
das wir nach diesem leben
Zu Gott auff fahren solln der gleich,
mit leib vnd Seel ins Himelreich,
wenn Christ der HErr wird kommen.[9]

Strophe 5: Die spätere Hinzufügung dieser Strophe, die auch in der Rezeptionsgeschichte des Liedes eine Rolle gespielt hat (etwa als Text der 11. Motette von Schütz' „Geistlicher Chormusik", 1648), verwischt die Himmelfahrts-Pointe des ursprünglichen Textes; der dort erweckte Eindruck einer unmittelbaren Himmelfahrt, das Überspringen bzw. die Verdichtung der Zeit bis zum Jüngsten Tag, geht verloren. Die Strophe fügt stattdessen einen impliziten Leib-Seele-Dualismus ein. Das Ich wechselt vom Du des Gebets in die dritte Person: Ziel des hier nochmals aufgegriffenen ‚Hinfahrens' ist *Jesus Christ*, nach dem der Sterbende sich in einer Vertrauensgeste ‚ausstreckt'. Dem ‚Hinfahrn' [der Seele] (Str. 4) wird ergänzend die Ruhe [des Leibes] zur Seite gestellt, der bis zum Jüngsten Tage schläft. Alleiniger Urheber der Auferweckung ist *Jesus Christus, Gottes Sohn*. Die schon zuvor gewonnene getroste Gewissheit bleibt auch hier: *der wird die Himmelstür auftun,/ uns führn zum ewgen Leben* (Str. 5,6f).

Herman bedient sich einer schlichten Sprache, die aber biblisch begründet und theologisch reflektiert ist. In großer Klarheit bringt das Ich seine auf die Heilstaten Jesu gegründete Gewissheit zur Sprache. Die Gewissheit kommt in der Krise des ‚Stündleins' nicht ohne Anfechtung aus, *Todesnot* und *Todsfurcht* sind aber faktisch nur Durchgangsstation. Umso fester hält das Ich anschließend an der errungenen Gewissheit der Christusnähe fest. Das Wort „Tod" wird dreimal genannt – aber immer in Bezug auf den Tod Jesu, der letztlich alle Angst und Anfechtung überwindet.

Durch seine Verbreitung in vielen Gesangbüchern hat Hermans Sterbelied eine weitreichende Rezeption erfahren: Seinen Ort fand es ebenso in der Sterbebetrachtung wie am Sterbebett. Martin Moller empfiehlt es in seinem „Manuale de praeparatione ad mortem" (Görlitz 1593) für die Andacht bei Sterbenden. Leichenpredigten aus dem 17. Jh. berichten über die Verwendung des Liedes am Sterbebett oder machen es selbst zum Predigttext.[10] Ämilie Juliane von Schwarzburg-Rudolstadt, Dichterin des Sterbeliedes EG 530, verwendete das Lied bei ihren täglichen Sterbeandachten. Von vielen Musikern wurde das Lied für Chor und für Orgel bearbeitet.

Heute ist es weithin aus dem Repertoire der Gemeinden verschwunden; seine Gedankenwelt erschließt sich heutigen Gemeindegliedern nicht mehr unmittelbar, auch die

[9] Zit. nach W III,1399.

[10] Z. B. in den zehn Predigten des Bayreuther Theologen Christoph Schleupner: Andächtige und tröstliche Sterbensgedanken von der fröhlichen Himmelfahrt, Leipzig 1619.

Melodie ist wenig bekannt. Nicht nur angesichts der früheren Verbreitung des Liedes, sondern vor allem seiner tröstenden Kraft ist das ein Verlust.

Die Melodie, mit der das Lied bis heute überliefert ist, stammt aus einem Frankfurter Gesangbuch von 1569.[11] Durch die Auftaktdehnung wird erreicht, dass die erste Akzentsilbe immer auf einen Schlag des Grundpulses fällt. In den achtsilbigen Versen folgen der gedehnten Anfangssilbe jeweils sechs Viertel und eine halbe Note, in den siebensilbigen, die dadurch den Charakter einer Art Halbschluss bekommen, vier Viertel und zwei Halbe. Anders als in den entsprechenden Lutherliedern wird die Strophengliederung in „Stollen – Stollen – Abgesang" nicht durch Melodiewiederholung der ersten beiden Zeilen unterstützt. Die Zeilen 2 und 4 gleichen sich zwar, nicht aber 1 und 3, dafür 3 und 5.

Der Tonumfang bewegt sich um den Grundton *f* eine Quinte nach oben (*c"*) und eine Quarte nach unten (*c'*). Die Mittelzeilen 2–5 bleiben ganz in der oberen Quinte, während Anfang und Ende in die Tiefe gehen und dadurch einen Rahmen bilden: Z. 1 beschreibt in einer Art ‚Anlauf', der die ‚Himmelfahrt' von Str. 4 vorwegnimmt, eine durch zwei halbe Noten *f* gerahmte, von *c'* aufsteigende Tonleiter; Z. 6 bewegt sich mit dem Abgeben der Seele in die Hand Jesu nach unten (*befehl ich dir in deine Händ*). Die letzte Zeile kann so in einer Variation der Bewegung von Z. 1 wieder aufsteigen. Die Tiefe der Anfechtung gehört zum Gesamtklang, das Ich lässt sie zur Heimkehr an seinen Bestimmungsort aber rasch hinter sich. Die Punktierung in der kleinen melismatischen Bildung der letzten Zeile ist ein typisches Stilelement am Ende von Melodien des 16. Jh.

Lukas Lorbeer

[11] Melodievorschläge bei Herman 1562: „Im Thon, wie von der Sindflut, oder, Es ist das Heil vns komen her."

530 Wer weiß, wie nahe mir mein Ende

EG 530(ö) (RG 754[ö]) EM 650(ö)

Text

Verfasser Ämilie Juliane von Schwarzburg-Rudolstadt **Entstehung** 1686 **Quelle** *M. Joh. Heinrich Häveckers Dreyfach schallend und nachhallend Kirchen-Echo im Evangelischen Zion: Vorstellend: I. Nützliche Gesänge* [...], Leipzig 1695 **Überschrift** *Nr. CCCXLV* **Ausgabe** FT V,631 **Strophenbau** A9/4a- A8/4b, A9/4a- A8/4b, (R: A10/5c A8/4c) vgl. Frank 6.38 **Abweichungen** [nach FT V,631] Kv. am Ende jeder Strophe: *Mein Gott, ich* bitt durch; 2,3 *Denn weil* ich; nach 4: 5. *Mach mir stets zuckersüß den Himmel*; 6. *Ach Vater, deck all meine Sünde*; 7. *Ich weis, in Jesu Blut und Wunden; 8. Nichts ist, das mich von Jesu scheide*; 5,3 bist mir *daher auch*; 6,1 Jesu *Fleisch*; 6,2 *Sein Blut hab ich getrunken* hier; 6,3 nun *kan er meiner* nicht; KV der letzten Strophe lautet in der Q: *Durch deine Gnad* und Christi Blut / *Mach dus* mit meinem Ende gut. * RG: Kv. am Ende jeder Strophe: *Mein Gott, ich* bitt durch; 3,2 wenn *dereinst ich*; 3,3 *mich ganz in Jesu Tod versenken*; 3,4 und *nicht versäumen* meine; 4,3 *getrost* in allen; nach 4: 5. *Ach Vater, deck all meine Sünden*; 5,1 habe *Christum*; 5,2 *gehöre ihm durch meine* Tauf; 5,3 *und darum bist du mir* gewogen; 5,4 *nahmst mich zu deinem Kinde* auf; EG Strophe 6 fehlt; 7,1 *Und kommt* mein; 7,3 *in deiner Hut bleib ich geborgen*; 7,4 mit Jesu *Gnade reich geschmückt*; * EM: ohne EG Strophen 2 und 3; 4,3 *getrost* in allen; nach 4: 5. *Ach Vater, deck all meine Sünden*; ohne EG Strophen 5 und 6; 7,1 *Und kommt* mein; 7,3 *in deiner Hut bleib ich geborgen*; 7,4 mit Jesu *Gnade reich geschmückt* **Verbindung TM** in der Q ohne N, verwiesen wird auf *Wer nur den lieben Gott lässt walten*, dazu waren zu der Zeit bekannt: Z II,2778 (Georg Neumark DKL 1657, EG 369), Z II,2779+2780 (Praxis Pietatis Melica 1675+1690), Z II,2781 (1690), Z II,2781 (1692) * eigene Melodien: Z II,2835 (DKL 1714[06]); Z II,2836 (DKL 1726[04]); Z II,2837 (DKL 1738[11]); Z II,2775b (DKL 1747[10]); Z II,2838 (DKL 1765[06]); Z II,2839a (Handschrift Buttstett 1774); Z II,2840 (DKL 1789[07]); Z II,2841 (Sauerbrey 1838) * RG 754 (Georg Neumark DKL 1657)

Melodie

Incipit 532 1565 4_3 **Vorlagen** Teil I: Z II,3061 (*Ein recht Christlich Gesangbüchlein.* [...] (Georg Oesterreicher), Rothenburg ob der Tauber 1623 [DKL 1623[06]], 167), Teil II: Z II,2839a (aus dem handschriftlichen *Choralbuch gestellet von Franz Vollrath Buttstedt*, Rothenburg ob der Tauber 1774, Nr. 180) **Quelle** *Christliche Gesänge zur Beförderung eines frommen Sinnes und Wandels* [...], Elberfeld 1805[1] bei den Nrn. 86, 91 und 96 **Ausgaben** Z II,2839b; B IV,362 **Besonderes** Da die Melodie im Elberfelder Gesangbuch (s. Quelle) dreimal mit verschiedenen Texten, aber mit dem Incipit des vorliegenden Textes abgedruckt ist (s. Verbindung MT), muss es eine ältere Quelle geben. **Ambitus** G: 8; Z: 64(64)6b45 **Abweichungen** kleine Terz höher; Taktvorzeichnung ¢; doppelte Notenwerte; Zeilentrennstriche; [Z. 1 N 1: zwei Achtel *g'f'* nur bei Z II, 2839a] Z. 1 N 8–9 Viertel Halbe; Z. 2 nach N 8 keine Pause; Z. 5 N 1: je

[1] Digitalisat: Bayerische Staatsbibliothek, München.

Viertel *g'f'* (*mein*), N 2 Halbe, N 3 je Viertel *c''b'* (*mein*), N 4 Halbe; Z. 6 nach N 5 Viertel *f'*, nach N 6 keine Pause; Z. 7 N 8 Halbe [nur bei Nr. 86: *g'*] * EM: mit 4st. Satz (nach Fritz Lubrich 1910); keine Taktvorzeichnung; Ganzton höher **Verbindung MT** in der Q ist die Mel. dreimal abgedruckt, je mit der Überschrift „Mel. Wer weiß wie nahe mir mein Ende", zu: *Gerührt und still ist meine Seele* (Nr. 86 – dazu in der Überschrift der Hinweis „Beweglich."); *Wer weiß, wie bald in tiefer Stille* (Nr. 91 – dazu in der Überschrift der Hinweis „Gefühlvoll."); *Sie ist nicht mehr, die treue Seele!* (Nr. 96 – dazu in der Überschrift der Hinweis „Gefühlvoll.")

Literatur

HEKG (Nr. 331) I/2, 488 f; II/2, 112; III/2, 389–393; Sb, 518 f; HEG II, 58 f.234.292 f ** ThustB, 435/Nf, 411 f; ThustL II, 529–532 ** KLL (1878–1886) II, 365–370; EEKM (1888–1895) IV, 311–316; Nelle ([3]1924/1962) Nr. 495; Schlunk (1951) 360; Bruppacher (1953) 413 f; RößlerL ([2]2001) 155 f ** Kulp, Johannes: Wer ist der Dichter des Liedes „Wer weiß, wie nahe mir mein Ende?", MGKK 43 (**1938**) 284–290 * Rössler, Martin: Bibliographie der deutschen Liedpredigt, Nieuwkoop **1976**, 277 * Sauer-Geppert **1984**, 86 f * Schneider-Böklen, Elisabeth: „Bis hierher hat mich Gott gebracht". Leben und Werk der Ämilie Juliane von Schwarzburg-Rudolstadt (1637–1706), GuK **1993**, 134 f * Aikin, Judith P.: Der Weg zur Mündigkeit in einem Frauenleben aus dem 17. Jahrhundert. Genesis und Publikationsgeschichte der geistlichen Lieder der Gräfin Aemilie Juliane von Schwarzburg-Rudolstadt, Wolfenbütteler Barock-Nachrichten 29 (**2002**) 40–42 * Jordahn, Ottfried: Sterbe- und Begräbnislieder, in: Liturgie im Angesicht des Todes. Reformatorische und katholische Traditionen der Neuzeit. Teil I, hg. von Hansjakob Becker u. a., Tübingen/Basel **2004**, 277–279 * Schuster, Susanne: Aemilie Juliane von Schwarzburg-Rudolstadt und Ahasver Fritsch. Eine Untersuchung zur Jesusfrömmigkeit im späten 17. Jahrhundert, Leipzig **2006**, 78–109 * Lorbeer, Lukas: Die Sterbe- und Ewigkeitslieder in deutschen lutherischen Gesangbüchern des 17. Jahrhunderts, Göttingen **2012**, 546–550 et passim

Dass die fromme Gräfin Ämilie Juliane von Schwarzburg-Rudolstadt (1637–1706) die Verfasserin dieses Liedes ist, gilt heute als gesichert. Ihre Urheberschaft war längere Zeit strittig. Die älteste erhaltene Druckfassung findet sich in Johann Heinrich Häveckers „Kirchen=Echo" (Leipzig 1695); ein Autograph ist mit dem 17. September 1686 datiert.

Die Betrachtung des eigenen Endes gehörte für Gräfin Ämilie Juliane zum Kernbestand ihrer täglichen Andacht. Nachdem sie selbst eine große Zahl von Todesfällen im nächsten Umfeld erlebt hatte, feierte sie jeden Nachmittag zur Zeit der Todesstunde Jesu eine Andacht zur Sterbebereitung. Sogar ihr eigener Tod 1706 soll zu dieser Stunde eingetreten sein. Dieser Zug ihrer Frömmigkeit, als dessen Frucht auch das Lied EG 530 gelten kann, stellt selbst im Kontext ihrer Zeit einen Sonderfall dar.

Gekennzeichnet ist die Frömmigkeit der Gräfin zudem von einer starken persönlichen Jesus-Bindung, die sich auch in EG 530 niederschlägt. Im Kehrvers kommt *Christi Blut*, in gut lutherischer Tradition, ein starkes Gewicht zu. Insgesamt tritt die aus älteren Sterbeliedern bekannte Anfechtung des Sterbenden durch die Sünde deutlich zurück hinter der Bedeutung der persönlichen Beziehung zu Jesus. Die konsequente Ich-Perspektive des Liedes, in dem die Dimension der Gemeinde keine Rolle spielt, spiegelt seine Herkunft aus der Privatandacht wider. Seine Sprache ist nicht ganz kunstlos, aber bei aller Innigkeit einfach im Stil. Auch die gewählte Strophenform mit den vierhebigen Jamben, dem Reimschema AbAbcc und dem Kehrvers im Abgesang hat einen schlichten Charakter.

Mit der rhetorischen Frage zu Beginn ist das Thema des Liedes gesetzt: *Wer weiß, wie nahe mir mein Ende!* Ein gängiger Gedanke wird originell und mit großer Dringlichkeit formuliert. Durch die Form der rhetorischen Frage sind Leser und Hörer gezwungen, sich die Unausweichlichkeit dieser Erkenntnis selbst einzugestehen. Der erste Satz führt damit an einen aktiven Vollzug des „Memento mori" heran. Für die heutige Verwendung ist das Thema der Todesnähe sicher besonders herausfordernd – aktuell ist es freilich jederzeit. Und noch immer kann es hilfreich sein, den Weg der Vergewisserung nachzuvollziehen, den das Ich im Lied geht.

Das zu Beginn gesetzte Stichwort *mein Ende* bestimmt den gesamten Text: Am Ende jeder Strophe greift der Kehrvers es auf und wendet es in die Bitte: *Mach's nur mit meinem Ende gut.* Aus dem ‚nahen' Ende soll mit Gottes Hilfe ein ‚gutes' Ende werden. Mit der Formulierung variiert die Verfasserin das Incipit von Scheins Sterbelied *Mach's mit mir, Gott, nach deiner Güt*, dessen erste Strophe zudem mit dem Vers endet: *ist alles gut, wenn gut das End* (EG 525,1). Der Zusatz *nur* in EG 530 macht die höchste Priorität deutlich, die dieser Bitte zukommt.

Der erste Vers *Wer weiß, wie nahe mir mein Ende* bildet zugleich das Programm eines ersten Abschnitts (Str. 1–2), der den Gedanken der Todesnähe entfaltet. Die weitere Gedankenfolge des Liedes ist in der Formel des Kehrverses verdichtet:

- *Mein Gott, mein Gott* [vgl. Mt 27,46], *ich bitt* (Bitten in Str. 3–4 bzw. Str. 3–6 der älteren Fassung Leipzig 1695);
- *durch Christi Blut* (Rückbindung an das Christusgeschehen/an die Jesus-Beziehung in Str. 5–6 bzw. Str. 7–10 der älteren Fassung);
- *mach's nur mit meinem Ende gut* (getroster Blick aufs eigene Ende in Str. 7–8 bzw. Str. 11–12 der älteren Fassung).

Str. 1–2: Ungewissheit der Todeszeit

Wer weiß: Der Text beginnt mit einem starken Ausdruck der Ungewissheit – Gegenpol jener auf Christus bezogenen Gewissheit, die im Vollzug des Liedes Schritt für Schritt aufgebaut wird. Ungewiss ist der Zeitpunkt des Todes: „Mors certa, hora incerta".

Diese radikal beunruhigende und menschlichem Erkennen nicht zugängliche Tatsache wird in mehreren Anläufen ausgebreitet. *Nahe*, im zeitlichen Sinne, kann der Tod jederzeit sein; er wird damit zu einer nicht greifbaren, bedrohlichen Macht, die dem Ich auch physisch *nahe* ist. Zwangsläufig gilt: Je länger das Leben währt, desto näher rückt dieser Augenblick (*Hin geht die Zeit, her kommt der Tod*, Str. 1,2). Der Umschlag vom vermeintlich sicheren Leben in die *Todesnot* vollzieht sich gegebenenfalls ungeheuer rasch – *geschwinde und behende* (verstärkendes Hendiadyoin, Str. 1,3), *leicht*, innerhalb eines Tages: *Es kann vor Nacht leicht anders werden,/ als es am frühen Morgen war* (Str. 2,1 f). So sehr ein Mensch dazu neigen mag, diese Tatsache auszublenden, steht doch seine gesamte Lebenszeit unter dem Vorbehalt der ständigen Präsenz des Todes: *Solang ich leb auf dieser Erden,/ leb ich in steter Todsgefahr* (Str. 2,3 f). Diese Erkenntnis mündet in die Bitte des Kehrverses um ein gutes Ende.

Str. 3–4: Bitten um die rechte Bereitung zum Sterben
Als Konsequenz ergibt sich für das Ich die Notwendigkeit der rechten Bereitung zum Sterben. Die Autorin hat sie in ihrer täglichen Andacht auf extensive Weise praktiziert; im Text erscheint sie in Form der Bitte (Imperativ): Das Gelingen dieser Übung ist bei allem menschlichen Einsatz eine von Gott zu gewährende Gnade.

Zuallererst gehört zur Sterbebereitung das „Memento mori": *Herr, lehr mich stets mein End bedenken* (Str. 3,1). Damit greift die Verfasserin Psalm 90,12 auf, nicht ohne dem Vers, ganz im Sinne des zuvor Ausgeführten, eine Art Dauer-Iteration zu verpassen (*stets*; vgl. Str. 2,4 *steter*).

Bezieht sich diese Bitte auf die gesamte Lebenszeit, so nimmt die nächste die Todesstunde in den Blick: In ihr soll das Ich *die Seel in Jesu Wunden senken* können (Str. 3,3). Das Verb *senken* changiert zwischen der meditativen ‚Versenkung' in das Leiden Jesu und einem geradezu physisch vorgestellten ‚Eintauchen' in die Wunden, das die gefährdete Seele schützt und an eine mystische Vereinigung erinnert.

Weiter gehören zur Sterbebereitung die *Buß* (Str. 3,4), also die reuige Betrachtung des eigenen Ungenügens im Hinblick auf Gottes Gebot; das rechtzeitige ‚Bestellen des Hauses' (Str. 4,1; vgl. 2. Sam 17,23; 1. Makk 9,55), also das Ordnen der irdischen Verhältnisse und persönlichen Beziehungen; und schließlich die Ergebung in den Willen Gottes nach dem Vorbild Jesu in Gethsemane (vgl. Mt 26,39). Die Verfasserin vollzieht sie in Form eines Liedzitats: *Herr, wie du willst, so schick's mit mir* (vgl. EG 367,1,1). All das muss so weit eingeübt sein, dass es zu jedem möglichen Todeszeitpunkt ‚abrufbar' ist (*für und für, in allen Fällen*, Str. 4,2 f).

Zwei im EG weggelassene Strophen fügen weitere Aspekte der Sterbebereitung hinzu. Zum einen bittet das Ich um eine innere Haltung der Abwendung vom Diesseitig-Weltlichen und um eine entsprechende Zuwendung zum *Himmel* und zur *Ewigkeit*. Das sinnliche Adjektivpaar *zuckersüß – gallenbitter* verstärkt den Kontrast zwischen den beiden entgegengesetzten Bereichen:

Mach mir stets zuckersüs den Himmel
Und gallenbitter diese Welt.
Gib, daß mir in dem Welt=Getümmel
Die Ewigkeit sey fürgestellt. (…)[2]

Zum anderen wird der Bedeutungskomplex von Sünde/Buße und Christusgeschehen aus Str. 3 nochmals aufgegriffen, wobei neben den mystischen ein ausdrücklich soteriologischer Akzent tritt („Verdienste Christi"):

Ach Vater, deck all meine Sünde
Mit dem Verdienste Christi zu,
Darein ich mich vestgläubig winde,
Das gibt mir recht erwünschte Ruh. (…)

Mit dem erneuten Christusbezug wird der Übergang in den nächsten Abschnitt vorbereitet. Das Bild des ‚Zudeckens' greift voraus auf das ‚Sich-Betten' in Jesu Wunden, mit dem die nächste Strophe der älteren Fassung (fehlt im EG) anschließt.

[2] Die im EG ausgefallenen Strophen werden zitiert nach FT V,631; zugrunde liegt dort der erwähnte Druck von Häveckers „Kirchen=Echo", Leipzig 1695.

Str. 5–6: Bekenntnis zur Verbundenheit mit Jesus
Die Form wechselt nun vom Imperativ in indikativische, teilweise bekenntnishafte Ich-Aussagen. Damit wird die innige, auch sakramental begründete Nähe des Ich zum Erlöser ausgedrückt.

Die ersten beiden Strophen dieses Teils sind in der EG-Version ebenfalls ausgelassen. Dem ungewissen *Wer weiß* des Liedanfangs wird schon hier ein auf die Verbundenheit mit Jesus bezogenes *Ich weiß* entgegengesetzt. Nach dem ‚Senken' in die Wunden Jesu (vgl. Str. 3,3) liegt das sterbende Ich dort *recht und wohl gebett*; das Sterbebett wird gleichsam – für heutige Leser befremdlich, für die Verfasserin aber ein tröstlicher Ausdruck der Geborgenheit – in den Leib des gekreuzigten Jesus verlegt:

Ich weis, in Jesu Blut und Wunden
Hab ich mich recht und wohl gebett;
Da find ich Trost in Todes=Stunden
Und alles, was ich gerne hätt'. (...)

Die untrennbare innere und zugleich physische Nähe zum Gekreuzigten und seinen heilstiftenden Wunden wird durch biblische Bezüge weiter ausgestaltet – zunächst auf Römer 8,38 f, dann auf die Thomas-Erzählung (mit dem wörtlichen Zitat von dessen Bekenntnis, Joh 20,28):

Nichts ist, das mich von Jesu scheide,
Nichts, es sey lebend oder tod.
Die Hand leg ich in Jesu Seite
Und sage: Mein Herr und mein Gott. (...)

Schließlich – und diese beiden Strophen finden sich als Str. 5 und 6 auch wieder im EG – wird die Verbundenheit mit dem Erlöser auch als Folge des Sakramentsvollzugs gezeigt. Taufe und Abendmahl ist je eine Strophe gewidmet; die Teilhabe des Ich an beiden wird durch eine parallel gestaltete Formulierung betont, die die bleibende Wirkung des Sakraments festhält: *Ich habe Jesum angezogen* (Str. 5,1; vgl. Gal 3,27); *Ich habe Jesu Leib gegessen* (Str. 6,1; im Original sogar: *Jesu Fleisch*, vgl. Joh 6,51 ff). Die Partizipien *angezogen*, *gegessen* und *getrunken* bringen die leibliche Dimension der Verbindung stark zur Geltung. Das entspricht nicht nur der Frömmigkeit der Autorin, sondern auch dem Charakter der beiden von Jesus gestifteten Handlungen selbst. Ämilie Juliane erweist sich mit dieser Akzentsetzung als gute Lutheranerin, deren Heilsgewissheit sich zu einem guten Teil aus der Verheißung der Sakramente speist.

Die Wirkung beider Sakramente wird jeweils noch weiter entfaltet: die Taufe als Erwerb der Gotteskindschaft (*hast mich zum Kind genommen auf*, Str. 5,4), das Abendmahl – jedenfalls implizit – als eine Art und Weise der Vermählung Jesu und der gläubigen Seele in der Tradition der mystischen Hohelied-Auslegung: *Nun kannst du meiner nicht vergessen,/ ich bleib in ihm und er in mir* (Str. 6,3 f;[3] vgl. Hld 2,16; 6,3).

In der Besinnung auf seine Verbundenheit mit dem Erlöser hat das Ich in diesem Abschnitt einen Prozess der Vergewisserung durchlaufen, der nun in einen abschließenden Ausdruck der Gewissheit mündet.

[3] In der ursprünglichen Fassung Leipzig 1695 stehen beide Zeilen in der dritten Person.

Str. 7–8: Gewissheit des guten Endes
So komm mein End heut oder morgen (Str. 7,1): Das Ich setzt neu an und greift zurück auf das Thema des Anfangs (Str. 1–2). Aus dieser ‚Rahmung' wird freilich, mit Hilfe der inzwischen geleisteten Vergewisserung, ein ‚Reframing', mit dem die Todesdrohung in ihre Schranken gewiesen wird. Die Ungewissheit der Todeszeit wird durch eine ungleich bedeutsamere Gewissheit überboten, das ungewisse *Wer weiß* durch ein finales *Ich weiß* gekontert: *Ich weiß, dass mir's mit Jesus glückt* (Str. 7,2).

Die Wirklichkeit, ‚in' der das Ich sich bewegt, ist nun nicht mehr die *stete Todsgefahr* des Anfangs (Str. 2,4). Es hat sich vielmehr in die Christusbeziehung (*in Jesu Wunden*, Str. 3,3) hineinbegeben wie in einen Schutzraum – oder findet sich gar ohne eigenes Zutun (*aus Gnad durch Christi Blut*, Str. 8,5) darin wieder: *Ich bin und bleib in deinen Sorgen* (Str. 7,3); *Ich leb indes in dir vergnüget* (Str. 8,1). Sieht sich das Ich *mit Jesu Blut schön ausgeschmückt* (Str. 7,4), scheint darin, in Verbindung mit der oben dargelegten ‚Leib-Theologie' der Gräfin, ein paulinischer Gedanke durch (vgl. 2. Kor 4,10: *Wir tragen allezeit das Sterben Jesu an unserem Leibe, auf dass auch das Leben Jesu an unserm Leibe offenbar werde*). In der Gleichwertigkeit des *Ich leb (...) und sterb (...) – vergnüget* bzw. *ohn alle Kümmernis* (Str. 8,1 f) – klingt Römer 14,8 an.

Nochmals beteuert das Ich seine Ergebung in Gottes Fügung (Str. 8,3; vgl. Str. 4,4), ehe es zur endgültigen Bekundung seiner Gewissheit ansetzt (*Ich glaub und bin es ganz gewiss*, Str. 8,4): Die oft wiederholte Bitte des Kehrverses verwandelt sich in der Schlussfassung – unter Hinzufügung der lutherischen *Gnad*, die den geschilderten Vorgang als souveränes Handeln Gottes qualifiziert – in einen getrosten Indikativ.[4] Mit dieser Pointe ist die innere Bewegung des Textes an ihr Ziel gelangt. Das Ich hat schon vor seinem Tod eine innere Haltung erreicht, die den Tod nicht mehr fürchten muss: *Mein Gott, mein Gott, aus Gnad durch Christi Blut / machst du's mit meinem Ende gut* (Str. 8,5 f).

Lukas Lorbeer

Die Melodie, so wie wir sie heute singen, ist das Ergebnis einer längeren Melodiegeschichte und der Kombination zweier verschiedener Melodien. Der erste Teil geht zurück auf das frühe 17., der zweite Teil auf das 18. Jh., einander angeglichen auf der Basis der Ästhetik von Klassizismus und Romantik – mit einem dem langsamen Singtempo entsprechenden gleichmäßigen Rhythmus, linearer Führung und tonaler Organisation. Die Rhythmik der ersten Vorlage war komplexer und entsprach durchgehend dem „Straßburger Rhythmus": lang-kurz-kurz-lang – lang-kurz-kurz-lang, so genannt, weil er im Straßburger Psalter der Reformationszeit häufig verwendet wurde und auch in der Zeit um 1600, vor Beginn der Barockepoche, noch oft vorkam. Im langsamen Singtempo des 18. Jh. gingen die rhythmischen Differenzierungen weitgehend verloren, so dass die Stollenmelodie jetzt in gleichen Notenwerten verläuft – angesichts des modernen Singtempos eigentlich schade; allerdings entstünde durch die Wiedergewinnung des originalen Rhythmus eine Inkongruenz mit dem zweiten Teil. Unklar ist die Taktvorzeichnung:

[4] Diese Änderung des Modus fehlt allerdings in der Fassung Leipzig 1695. Dort heißt es: *Durch deine Gnad und Christi Blut / Mach dus mit meinem Ende gut.*

Von einem Sechsvierteltakt kann hier eigentlich keine Rede sein, da dieser aus zwei Dreiergruppen bestehen würde, während der regelmäßige Wechsel von unbetonten und betonten Noten gleicher Länge eine Dreiergruppierung ausschließt. Wenn überhaupt Taktstriche gesetzt werden, müsste die Vorzeichnung 3/2 und 2/2 lauten, was aber wieder auf ein etwas höheres Tempo verweisen würde.

Der erste Melodieteil ist tonal einfach strukturiert: Die Anfangsformel besteht aus dem Tonikadreiklang (mit einem Durchgangston). Dieselbe Formel begegnet in der englisch-romantischen Melodie zu *For all the Saints* (Melodiebezeichnung SINE NOMINE) bzw. *Herr, mach uns stark* (EG 154) und wirkt paradoxerweise fast wie eine Schlussformel, zu finden z.B. in *Es ist genug* von Johann Rudolf Ahle, zugewiesen zu *Dass Jesus siegt* (EG 375, RG 857) und *Gott ist getreu* (EG Württemberg 616, RG 689). Als Eröffnung verwendet, verlangt die Formel nach einer starken Fortsetzung, welche die Schlusswirkung durchbricht. Die notwendige melodische Energie entsteht hier dadurch, dass die untere Hälfte des Oktavraums, in welchem sich die erste Zeile bewegt, ergänzt wird durch den Sextton auf betonter Taktzeit (*mir*). Dies ist eine sehr wirkungsvolle melodische Maßnahme, da sie die implizite Harmonik zur Subdominante hin ausweitet – man denke an *Nun danket alle Gott*, *So nimm denn meine Hände*, *O du fröhliche* oder *Stille Nacht!*

Die zweite Melodiezeile belegt die obere Hälfte des Oktavraums und schließt mit einer gängigen Kadenzformel zur Dominante. Man wird bei der doppelten Korrespondenz von Tonika und Dominante sowie von unterer und oberer Oktavhälfte schon für die Vorlage von einer eigentlichen Korrespondenzmelodik sprechen können, die trotz des historischen Abstands der Ästhetik des Klassizismus durchaus entgegenkam.

Der Abgesang, die zweite Melodiehälfte ist vor allem zu Beginn origineller gestaltet, in deklamierendem Rhythmus dem Anruf *Mein Gott, mein Gott* entsprechend, der ja in der Refrainstruktur in jeder Strophe wiederholt wird, so dass das bei Strophenliedern häufige Problem, dass eine melodische Figur zwar gut zur ersten, aber dann weniger oder gar nicht zu den Folgestrophen passt, hier nicht auftritt. Der textlichen entspricht die melodische Wiederholung des Anrufs, durch die Versetzung nach oben als „Climax", als Verstärkung wirkend und damit den Text überbietend, der diese Steigerung nicht explizit darstellen kann. Zwischen den beiden kurzen Ruffiguren ergibt sich ein Aufwärtssprung von einer kleinen Sexte, in der barocken Figurenlehre als „Exclamatio" (Ausruf) bezeichnet, wiederum passend zum Ruf im Text.

Die zweite Zeile des Abgesangs wirkt eher wie eine Überleitung und lässt wenig eigenen Charakter erkennen. Die letzte Zeile kann noch einmal im Sinne der Korrespondenzmelodik gehört werden: Sie bezieht sich zurück auf die Anfangszeile hinsichtlich ihrer Lage im unteren Oktavbereich und des Quintsprungs. Ähnlich wie der Stollenschluss endet sie mit einer gängigen Kadenzformel. Obwohl die Melodie auf zwei unterschiedliche Vorlagen zurückgeht, entsteht so ein plausibles Ganzes, das weitgehend aus vertrauten formelhaften Elementen besteht, jedoch durch die Ruffiguren in der Mitte an Individualität gewinnt.

Andreas Marti

Verzeichnis der bereits erschienen Liedkommentare

EG	Heft	Seite	EG	Heft	Seite	EG	Heft	Seite	EG	Heft	Seite
1	[1]	52	59	[11]	22	117	[1]	92	177.1	[6/7]	9
2	[5]	3	60	[12]	43	118	[1]	95	177.2	[6/7]	9
3	[5]	5	61	[4]	31	119	[3]	73	177.3	[6/7]	9
4	[12]	3	62	[2]	44	120	[3]	78	178.1	[6/7]	13
5	[13]	3	63	[10]	28	121	[3]	81	178.2	[6/7]	14
6	[4]	3	64	[1]	81	122	[3]	84	178.3	[6/7]	15
7	[2]	3	65	[4]	36	123	[3]	90	178.4	[6/7]	16
8	[5]	10	66	[3]	25	124	[10]	69	178.5	[6/7]	20
9	[13]	10	67	[2]	48	125	[12]	63	178.6	[6/7]	20
10	[12]	12	68	[10]	30	126	[12]	70	178.7	[6/7]	20
11	[2]	7	69	[3]	31	127	[11]	63	178.8	[6/7]	20
12	[3]	3	70	[4]	42	128	[11]	68	178.9	[6/7]	22
13	[5]	17	71	[12]	47	129	[5]	87	178.10	[6/7]	23
14	[5]	22	72	[12]	52	130	[11]	72	178.11	[6/7]	24
15	[10]	3	73	[11]	26	131	[11]	77	178.12	[6/7]	25
16	[2]	11	74	[3]	36	132	[11]	81	178.13	[6/7]	26
17	[1]	58	75	[10]	35	133	[5]	91	178.14	[6/7]	28
18	[5]	28	76	[3]	40	134	[11]	83	179	[6/7]	32
19	[11]	3	77	[5]	49	135	[2]	89	180.1	[6/7]	37
20	[1]	62	78	[11]	33	136	[4]	68	180.2	[6/7]	40
21	[11]	8	79	[3]	45	137	[4]	71	180.3	[6/7]	42
22	[10]	9	80	[13]	36	138	[10]	76	180.4	[6/7]	45
23	[10]	11	81	[11]	37	139	[10]	80	181.1	[6/7]	48
24	[12]	16	82	[5]	54	140	[10]	84	181.2	[6/7]	48
25	[12]	25	83	[5]	60	141	[4]	74	181.3	[6/7]	48
26	[12]	32	84	[4]	53	142	[12]	77	181.4	[6/7]	50
27	[13]	16	85	[10]	40	143	[12]	80	181.5	[6/7]	51
28	[11]	10	86	[11]	44	144	[11]	88	181.6	[6/7]	55
29	[11]	12	87	[5]	71	145	[4]	78	181.7	[6/7]	56
30	[2]	17	88	[11]	48	146	[2]	94	181.8	[6/7]	58
31	[2]	26	89	[10]	53	147	[4]	83	182	[6/7]	59
32	[1]	65	90	[3]	49	148	[12]	85	183	[6/7]	63
33	[4]	9	91	[1]	85	149	[11]	92	184	[6/7]	72
34	[13]	23	92	[5]	75	150	[13]	45	185.1	[6/7]	79
35	[5]	31	93	[3]	52	151	[10]	91	185.2	[6/7]	82
36	[10]	23	94	[11]	53	152	[12]	93	185.3	[6/7]	83
37	[2]	28	95	[2]	55	153	[4]	89	185.4	[6/7]	84
38	[3]	7	96	[1]	89	154	[13]	55	185.5	[6/7]	86
39	[4]	14	97	[2]	59	155	[20]	3	186	[6/7]	90
40	[4]	17	98	[2]	62	156	[18]	3	187	[6/7]	92
41	[4]	21	99	[10]	55	157	[14]	17	188	[6/7]	94
42	[3]	12	100	[10]	61	158	[20]	9	189	[6/7]	97
43	[3]	17	101	[12]	56	159	[20]	13	190.1	[6/7]	100
44	[4]	26	102	[3]	56	160	[19]	15	190.2	[6/7]	102
45	[11]	17	103	[5]	81	161	[14]	21	190.3	[6/7]	103
46	[13]	28	104	[2]	66	162	[17]	3	190.4	[6/7]	105
47	[1]	69	105	[4]	58	163	[15]	3	191	[6/7]	107
48	[2]	34	106	[3]	61	164	[17]	7	192	[6/7]	116
49	[5]	36	107	[3]	66	166	[14]	25	193	[21]	3
50	[3]	21	108	[10]	65	167	[23]	3	194	[27]	3
51	[2]	37	109	[4]	63	168	[17]	9	195	[17]	17
52	[5]	39	110	[2]	71	169	[16]	3	196	[18]	18
53	[12]	35	111	[2]	75	170	[18]	9	197	[27]	5
54	[12]	39	112	[2]	79	171	[22]	3	198	[24]	3
55	[5]	44	113	[13]	41	172	[14]	31	200	[21]	9
56	[1]	72	114	[11]	59	173	[17]	15	201	[6/7]	121
57	[1]	77	115	[2]	85	175	[18]	14	202	[18]	22
58	[2]	40	116	[3]	68	176	[15]	7	203	[27]	8